Reinhard Junghans

Neue Sichtweisen durch den Glauben

Reinhard Junghans

Neue Sichtweisen durch den Glauben

Predigtsammlung

Fromm Verlag

Impressum/Imprint (nur für Deutschland/ only for Germany)
Bibliografische Information der Deutschen Nationalbibliothek: Die Deutsche Nationalbibliothek verzeichnet diese Publikation in der Deutschen Nationalbibliografie; detaillierte bibliografische Daten sind im Internet über http://dnb.d-nb.de abrufbar.
Alle in diesem Buch genannten Marken und Produktnamen unterliegen warenzeichen-, marken- oder patentrechtlichem Schutz bzw. sind Warenzeichen oder eingetragene Warenzeichen der jeweiligen Inhaber. Die Wiedergabe von Marken, Produktnamen, Gebrauchsnamen, Handelsnamen, Warenbezeichnungen u.s.w. in diesem Werk berechtigt auch ohne besondere Kennzeichnung nicht zu der Annahme, dass solche Namen im Sinne der Warenzeichen- und Markenschutzgesetzgebung als frei zu betrachten wären und daher von jedermann benutzt werden dürften.

Coverbild: www.ingimage.com

Contact:
International Book Market Service Ltd., 17 Rue Meldrum, Beau Bassin, 1713-01 Mauritius
Website: www.bookmarketservice.com
Email: info@bookmarketservice.com

Gedruckt in: USA, UK, Deutschland. Dieses Buch wurde nicht in Mauritius produziert.

Imprint (only for USA, GB)
Bibliographic information published by the Deutsche Nationalbibliothek: The Deutsche Nationalbibliothek lists this publication in the Deutsche Nationalbibliografie; detailed bibliographic data are available in the Internet at http://dnb.d-nb.de.
Any brand names and product names mentioned in this book are subject to trademark, brand or patent protection and are trademarks or registered trademarks of their respective holders. The use of brand names, product names, common names, trade names, product descriptions etc. even without a particular marking in this works is in no way to be construed to mean that such names may be regarded as unrestricted in respect of trademark and brand protection legislation and could thus be used by anyone.

Cover image: www.ingimage.com

Contact:
International Book Market Service Ltd., 17 Rue Meldrum, Beau Bassin, 1713-01 Mauritius
Website: www.bookmarketservice.com
Email: info@bookmarketservice.com

Printed in: U.S.A., U.K., Germany. This book was not produced in Mauritius.

ISBN: 978-3-8416-0231-2

Inhaltsverzeichnis

„Wie soll ich dich empfangen?“

Predigt zum 2. Advent (400 Jahre Paul Gerhardt)

Rundfunkgottesdienst am 9.12.2007

in der Paul-Gerhardt-Kirche zu Leipzig-Connewitz

Die Übertragung erfolgte bei MDR Figaro, Deutschlandfunk, Deutsche Welle und bei anderen Sendern.

Die Gnade unseres Herrn Jesus Christus und die Liebe Gottes und die Gemeinschaft des Heiligen Geistes sei mit euch allen! (2. Korinther 13, 13)

Predigttext: Paul Gerhardt (1653) „Wie soll ich dich empfangen“ (Evangelisches Gesangbuch Nr. 11) und Matthäus 25, 40 „Wahrlich, ich sage euch: ‚Was ihr getan habt einem von diesen meinen geringsten Brüdern, das habt ihr mir getan.‘“

Die Strophen des Liedes wurden an verschiedenen Stellen des Gottesdienstes von der Gemeinde und der Kantorei gesungen.

1) Wie soll ich dich empfangen / und wie begegn ich dir, / o aller Welt Verlangen, / o meiner Seelen Zier? / O Jesu, Jesu, setze / mir selbst die Fackel bei, / damit, was dich ergötze, / mir kund und wissend sei.

2) Dein Zion streut dir Palmen / und grüne Zweige hin, / und ich will dir in Psalmen / ermuntern meinen Sinn. / Mein Herze soll dir grünen / in stetem Lob und Preis / und deinem Namen dienen, / so gut es kann und weiß.

3) Was hast du unterlassen / zu meinem Trost und Freud, / als Leib und Seele saßen / in ihrem größten Leid? / Als mir das Reich genommen, / da Fried und Freude lacht, / da bist du, mein Heil, kommen / und hast mich froh gemacht.

4) Ich lag in schweren Banden, / du kommst und machst mich los; / ich stand in Spott und Schanden, / du kommst und machst mich groß / und hebst mich hoch

zu Ehren / und schenkst mir großes Gut, / das sich nicht lässt verzehren, / wie irdisch Reichtum tut.
5) Nichts, nichts hat dich getrieben / zu mir vom Himmelszelt / als das geliebte Lieben, / damit du alle Welt / in ihren tausend Plagen / und großen Jammerlast, / die kein Mund kann aussagen, / so fest umfangen hast.
6) Das schreib dir in dein Herze, / du hochbetrübtes Heer, / bei denen Gram und Schmerze / sich häuft je mehr und mehr; / seid unverzagt, ihr habet / die Hilfe vor der Tür; / der eure Herzen labet / und tröstet, steht allhier.
7) Ihr dürft euch nicht bemühen / noch sorgen Tag und Nacht, / wie ihr ihn wollet ziehen / mit eures Armes Macht. / Er kommt, er kommt mit Willen, / ist voller Lieb und Lust, / all Angst und Not zu stillen, / die ihm an euch bewusst.
8) Auch dürft ihr nicht erschrecken / vor eurer Sünden Schuld; / nein, Jesus will sie decken / mit seiner Lieb und Huld. / Er kommt, er kommt den Sündern / zu Trost und wahrem Heil, / schafft, dass bei Gottes Kindern / verbleib ihr Erb und Teil.
9) Was fragt ihr nach dem Schreien / der Feind und ihrer Tück? / Der Herr wird sie zerstreuen / in einem Augenblick. / Er kommt, er kommt, ein König, / dem wahrlich alle Feind / auf Erden viel zu wenig / zum Widerstande seind.
10) Er kommt zum Weltgerichte: / zum Fluch dem, der ihm flucht, / mit Gnad und süßem Lichte / dem, der ihn liebt und sucht. Ach komm, ach komm, o Sonne, / und hol uns allzumal zum ewgen Licht und Wonne / in deinen Freudensaal.

Liebe Hörerinnen und Hörer, liebe Gemeinde,
„Wie soll ich dich empfangen?“, so fragt Paul Gerhardt in seinem bekannten Adventslied Jesus. Gleich in der ersten Strophe wünscht sich Paul Gerhardt, dass Jesus selbst ihm die Fackel beisetzt[1], damit er dasjenige in seinem Leben aufgreifen kann, das Jesus erfreut. In der zweiten Strophe nimmt er die bekannte

[1] Zur Zeit von Paul Gerhardt waren Fackeln ein wichtiges Hilfsmittel, um den Weg auszuleuchten.

Geschichte vom Einzug in Jerusalem auf, die sowohl am ersten Adventssonntag als auch zum Palmsonntag das Sonntagsevangelium ist. Die Adventszeit und die Passionszeit sowie Ostern und Weihnachten hängen enger miteinander zusammen, als uns oft bewusst ist. In der dritten Strophe ändert er schon den Blickwinkel gemäß seiner lutherischen Theologie und bekennt: Jesus kommt auf ihn, auf uns zu. In der sechsten Strophe heißt es, „... seid unverzagt, ihr habet die Hilfe vor der Tür; der eure Herzen labet und tröstet, steht allhier." Da bleibt uns nur noch die Tür zu öffnen. Aber wer steht davor?

Unsere ganze Familie ist zu Besuch gekommen. Da sind Onkel und Tanten, Großmütter und Großväter, Schwiegermütter und Schwiegerväter, nicht zu vergessen die turbulenten kleinen Nichten und Neffen. Da sind sie auf einmal alle da und freuen sich und nehmen die Wohnung in Beschlag. Die Gastgeberfamilie atmet etwas durch, aber dann geht es in die üblichen Gespräche und Festlichkeiten hinein. Irgendwann geht dann dieser Tag zu Ende. Und wenn alle wieder zuhause in ihren Betten liegen, war alles so gewesen wie in jedem Jahr.

Nun stellen wir uns einmal vor: Da stehen nicht nur unsere lieben Verwandten vor der Tür, sondern wir nehmen sie als Ebenbilder Gottes wahr. Da würden wir wohl erst einmal etwas verlegen umherschauen. Wollen wir die Tür wirklich öffnen und sie hereinbitten?

Wie empfängt man ein Ebenbild Gottes? Nehmen wir da unser normales Gebrauchsgeschirr oder holen wir unser Meißner Porzellan aus der Vitrine? Sollten wir uns da über die letzen Fußballergebnisse austauschen? Vielleicht doch nicht oder vielleicht ist so ein Ebenbild Gottes gut drauf und ein cooler Typ und würde voll mitdiskutieren. Aber wird ein Ebenbild Gottes Fußball wirklich interessieren? Aber wie wäre es mit unseren banalen Alltagsgeschichten? Solche Geschichten würden etwas von uns herüberbringen, obwohl sie nicht besonders kurzweilig sind, aber mitunter nett erzählt werden. Ob da ein Ebenbild Gottes gern zuhören oder mitreden möchte? Oder sollten wir vielleicht anfangen, etwas von unseren elementaren Sorgen und Ängsten mitzuteilen? Wollen wir tatsächlich andere in unser Innerstes Einblick gewähren?

Drehen wir einmal wie Paul Gerhardt den Blickwinkel um. Das Ebenbild Gottes kommt zu uns und will uns eine Lebenshilfe sein. Da heißt es in der vierten Strophe: „Ich lag in schweren Banden, du kommst und machst mich los; ich stand in Spott und Schanden, du kommst und machst mich groß.“

Wir brauchen Menschen, mit denen wir uns über unsere Sorgen und Ängste unterhalten können. Genauso ist es auch wichtig, seine Freuden miteinander zu teilen. Wären wir selbst dazu bereit, anderen Menschen mit Nöten zuzuhören? Nicht jeder Mensch wird dafür geeignet sein. Wir glauben jedoch, dass jeder ein Ebenbild Gottes ist. Es gibt Familiengeschichten, die ziehen sich über Generationen hinweg. Bestimmte Konstellationen kehren wieder: Ehepartner versterben früh. Schulkinder haben ähnliche Schwierigkeiten beim Lernen. Krankheitsbilder treten wiederholt auf. Mitunter kann man genetische Abhängigkeiten als Ursache benennen, aber oft scheinen auch ähnliche Lebenseinstellungen und Verhaltensweisen bestimmte Lebenskonstellationen hervorzurufen. Als müsste jede Generation darauf immer wieder eine tragfähige Antwort finden. Deshalb ist es wichtig, dass Familien im Gespräch bleiben, damit die Generationen einander besser verstehen können und für ihr Leben gute Wege finden.

Aber stellen wir uns noch einmal eine andere Situation vor. Da steht nicht nur unsere Verwandtschaft vor der Tür, sondern da sind die Geringen, von denen der Matthäusevangelist schreibt (25, 40): „Wahrlich, ich sage euch: ‚Was ihr getan habt einem von diesen meinen geringsten Brüdern, das habt ihr mir getan.‘“

Bei dieser Vorstellung können wir schnell auf folgende Gedanken kommen: Diese Mannschaft, die sich Familie nennt, soll also die geringsten Brüder und Schwestern sein? Das ich nicht lache. Tante Berta mit ihrem Klunker soll arm sein? Onkel Oskar fährt einen dicken Nobelschlitten. Die wirklich Geringen auf dieser Welt leben in den Hungergebieten Afrikas. Dazu gehören die Kinder, die unter Kriegsbedingungen groß werden müssen. Da könnte man noch viele wirklich Notleidende und Arme aufzählen, aber doch nicht die eigene Verwandtschaft.

Aber der Nächste ist aus christlicher Perspektive eben nicht erst das hungernde Kind in Afrika, sondern das ist auch die Ehefrau oder der Ehemann. Ob jemand an äußerer Not leidet, ist natürlich auch eine Frage der Relation, aber seelische Not gibt es auch bei vermögenden Menschen. Jeder weiß eigentlich, dass man für Geld nicht alles kaufen kann. Wahre Liebe und Freundschaft oder eine gesunde Seele mit Lebensmut lassen sich nicht käuflich erwerben. Deshalb ist es sehr wichtig, die seelische Not im Anderen zu sehen und sein tolles Auto oder den glänzenden Klunker zu übersehen.

Nach meinen Erfahrungen kann man nur für andere Notleidende wirklich offen sein, wenn man sich seiner eigenen seelischen Nöte bewusst ist. In einem guten inneren und äußeren Zuhause kann man auftanken, neue Kraft für seine Aufgabe gewinnen.

Jesus Christus kann uns in jedem Menschen auch in unseren lieben Verwandten begegnen. Da sind wir genauso herausgefordert, ihn zu empfangen und unseren Glauben zu leben, wie bei einem anderen Menschen. Wenn Glaubenserfahrungen ausgetauscht werden, spielen die Ehrlichkeit und die Wahrhaftigkeit die entscheidende Rolle. Da können scheinbar Große und scheinbar Geringe voneinander lernen. Es ist wichtig, jedem Menschen und auch unseren Familien Jesus Christus als Lebenshilfe zu vermitteln.

Da dichtete Paul Gerhardt in der siebten Strophe „Er kommt, er kommt mit Willen, ist voller Lieb und Lust, all Angst und Not zu stillen, die ihm an euch bewusst."

Diese Hoffnung verbinden wir mit Weihnachten. Auf dieses Fest bereiten wir uns im Advent vor. Der Jakobusbrief empfiehlt uns – wie wir in der Epistellesung gehört haben - Geduld beim Warten auf die Wiederkehr von Jesus Christus. In der Perspektive auf Weihnachten leben wir in einer ungeduldigen Zeit. Sind wir bereit, das Kind in der Krippe angemessen zu empfangen?

Wenn ein Kind geboren wird, werden viele Vorbereitungen getroffen, um es in rechter Weise als neuen Erdenbürger zu begrüßen. Heutzutage gibt es viele medizinische Untersuchungen. Eltern freuen sich auf ein gesundes Kind. Großeltern und Urgroßeltern beten mit für alles Gelingen. Alle Glaubenshoffnungen und Lebenshoffnungen münden in die Geburt und in die Freude über den heranwachsenden Säugling. Da zerreißt auf einmal eine schrille Nachricht alle Träume: Das Kind im Mutterleib ist behindert.

Der Arzt fragt oft nüchtern, ob die Eltern ein behindertes Kind haben möchten. Das führt zu einem tiefen Gewissenskonflikt. Aber wer will schon ein behindertes Kind haben? Man ahnt noch gar nicht, was die Antwort auf diese Frage am Ende bedeutet. Eigentlich müssten die Eltern gefragt werden, ob sie es sich vorstellen können, mit einem behinderten Kind zu leben. Diese Frage würden Eltern mit schweren Herzen eher mit Ja beantworten können, ohne eigentlich zu wissen, was auf die Familie wirklich zukommt.

Die Erfahrungen lehren, dass es kein einfaches Leben sein wird. Darüber sind auch schon Familien zerbrochen, weil sie die Last nicht gemeinsam haben tragen können. Andererseits gibt es auch die Eltern und insbesondere die Mütter, die sich dieser Aufgabe gestellt und die nicht eine Sekunde diese Entscheidung trotz aller Schwere des Lebens bereut haben.

Viele Gedanken schießen durch den Kopf. Juristisch ist nur in den sozialen Fällen eine Schwangerschaftskonfliktberatung nötig, aber in diesem Fall mit einem behinderten Kind wäre sie eigentlich dringend geboten. Infolgedessen ist ein behinderter Fötus weniger geschützt als ein gesunder Fötus. Erst nach der Geburt gibt es für ein gesundes und ein behindertes Kind denselben Lebensschutz durch das Gesetz. Hier muss gefragt werden, ob diese Ungleichbehandlung wirklich gerecht ist.

In kurzer Zeit müssen die Eltern eine tief greifende Entscheidung treffen, die ihr ganzes Leben prägen wird. Wie empfängt man dieses Ebenbild Gottes, diese geringe Schwester oder diesen geringen Bruder in Christus?

Für Eltern steht hier eine schwere Entscheidung an. Jede Möglichkeit hat negative, aber auch positive Seiten. Als Christen werden wir Mut zum Leben mit behinderten Menschen machen. Eine Mutter eines sehr schwer behinderten Kindes hat mir einmal gesagt, das Leben eines behinderten Menschen ist ein ganz normales Leben mit Freude und Leid, das sich nur nach anderen Spielregeln gestaltet.

Wenn aber jemand den Mut zu einem Leben mit einem behinderten Menschen nicht aufbringt, dann sollten wir ihn nicht verurteilen. Wir sollten ihn weiterhin begleiten. Vielleicht reift dadurch in ihm seine Seele. Dann hat er später einmal den Mut und die Kraft, einen schwierigeren Lebensabschnitt anzunehmen.

Am Ende unseres Lebens sind wir alle, ganz gleich welche Entscheidungen wir in unserem Leben getroffen haben, auf die Gnade Gottes angewiesen. In der achten Strophe heißt es: „Er kommt, er kommt den Sündern zu Trost und wahrem Heil, schafft, dass bei Gottes Kindern verbleib ihr Erb und Teil."

„Wie soll ich dich empfangen?" – Auf diese Frage gibt es nicht die eindeutige Patentantwort. Luther predigte 1521 nach den Wittenberger Unruhen in der Invokavitwoche und betonte: „Der Glaube will nicht gefangen noch gebunden noch durch eine Verordnung an ein Werk gekettet sein."[2] Diese Freiheit ist eine große Herausforderung an unseren christlichen Glauben protestantischer Prägung. Es geht darum, Profil zu zeigen und dabei nicht in Beliebigkeit zu verfallen. So lasst uns Jesus Christus empfangen in unseren Verwandten, in unseren Nächsten und dabei besonders auch in den Menschen mit Behinderungen.

Lasst uns aber ebenso nicht vergessen, dass uns am Ende Jesus selbst empfängt. So möchte ich mit einer Nachdichtung zu unserem Lied schließen. Viele

---

2 Luther, Martin: Taschenausgabe. Bd. 3. 2. Aufl. Berlin 1983, 93 entspricht D. Martin Luthers Werke: kritische Gesamtausgabe. Weimar = WA 10 III, 17.

Gemeindeglieder hatten sich von Paul Gerhardt künstlerisch anregen lassen. Diese Werke waren über das Jahr hinweg bei uns in der Kirche ausgestellt. Nun hören Sie eine neue Strophe von dem Lied „Wie soll ich dich empfangen“:

Wie wirst du mich empfangen?
Ich steh vor deiner Tür.
In Hoffnung auf Erbarmen,
führt mich mein Weg zu dir.
Du bittest freundlich: Komm tritt ein!
Dies nehm ich mit von hier:
Ich werde dich umarmen,
stehst du vor meiner Tür.[3]

Und der Friede Gottes, der höher ist als alle Vernunft, bewahre eure Herzen und Sinne in Jesus Christus! (Philipper 4, 7)

---

[3] Die Strophe entstammt der Nachdichtung von Uta Sabrina Junghans-Rilke und wurde von ihr vorgetragen.

„Wie wirst du mich empfangen“ von Uta Sabrina Junghans-Rilke

1. Wie wirst du mich empfangen
und was mich müde macht?
Es liegt in deinen Händen,
beende meine Nacht.
Die tiefen, dunklen Schatten
umklammern noch mein Herz,
als Last, aus schweren Tagen,
in Traurigkeit und Schmerz.

2. Wie wirst du mich empfangen?
Ich mache mich bereit:
Erbitte deine Liebe,
deine Barmherzigkeit.
Vertrauend und verlangend
nach deiner Gnadenzeit,
hilf du mir, dich zu finden.
Schenk mir Geborgenheit.

3. Wie wirst du mich empfangen?
Ich steh vor deiner Tür.
In Hoffnung auf Erbarmen,
führt mich mein Weg zu dir.
Du bittest freundlich: Komm tritt ein!
Dies nehm ich mit von hier:
Ich werde dich umarmen,
stehst du vor meiner Tür.

Die segensreiche Kraft guter Worte

Predigt zum Heiligen Abend

Leipzig-Connewitz, am 24. Dezember 2010

Die Gnade unseres Herrn Jesus Christus und die Liebe Gottes und die Gemeinschaft des Heiligen Geistes sei mit euch allen! (2. Korinther 13, 13)
Stilles Gebet

Predigttext: Johannes 3, 16-21
Also hat Gott die Welt geliebt, dass er seinen eingeborenen Sohn gab, damit alle, die an ihn glauben, nicht verloren werden, sondern das ewige Leben haben. Denn Gott hat seinen Sohn nicht in die Welt gesandt, dass er die Welt richte, sondern dass die Welt durch ihn gerettet werde.
Wer an ihn glaubt, der wird nicht gerichtet; wer aber nicht glaubt, der ist schon gerichtet, denn er glaubt nicht an den Namen des eingeborenen Sohnes Gottes. Das ist aber das Gericht, dass das Licht in die Welt gekommen ist, und die Menschen liebten die Finsternis mehr als das Licht, denn ihre Werke waren böse.
Wer Böses tut, der hasst das Licht und kommt nicht zu dem Licht, damit seine Werke nicht aufgedeckt werden.
Wer aber die Wahrheit tut, der kommt zu dem Licht, damit offenbar wird, dass seine Werke in Gott getan sind. Der Herr segne an uns sein Wort!

Liebe Festtagsgemeinde,
„Wer an Jesus Christus glaubt, der wird nicht gerichtet.“ Wer glaubt an Jesus Christus? Diese Frage scheint in einer vollen Weihnachtskirche etwas überflüssig zu sein. Schließlich bezeugen heute so viele Menschen öffentliches Interesse an Jesus Christus, wie sonst nicht im Jahr. Heute ist Deutschland und die christlich geprägte Welt im Ausnahmezustand. Das Fest des Friedens und der Familie wurde von vielen lang ersehnt, weil sie sich Gutes sagen wollen oder vielleicht

vielmehr auch gute Worte hören wollen. Diese unterschiedlichen Perspektiven können mitunter auch zu mancher Spannung führen.

Im Laufe des Jahres bleibt oder, besser gesagt, nehmen sich viele Menschen oft wenig Zeit, um gute Worte ihren anvertrauten Mitmenschen zu sagen. Da hetzt ein Termin den anderen, eine Verpflichtung jagt die andere. Oft sind Menschen abgespannt, sie haben kaum Kraft, um sich selbst wieder zu erholen. Da erscheinen alle Ansprüche lästig, die auf kleine Gesten der Liebe und des Verständnisses warten. Irgendwie steht schnell im Vordergrund, sein Leben vor allem praktisch in den Griff zu bekommen. Schließlich ist der Druck auf dem Arbeitsmarkt in vielen Branchen groß. Wer bestehen will, muss sich auch durchsetzen können. Da bleibt kaum Platz für Aktivitäten, die Beziehungen wachsen lassen.

Aber zu Weihnachten wollen wir dann alles gern nachholen. Da wollen wir der gute Mensch sein, der von den anderen geliebt wird. Eigentlich wollen wir schon auch sonst ein guter Mensch sein, aber eben diese äußeren Zwänge lassen es eben nicht so richtig zu. Wenn diese äußeren Zwänge nicht wären, könnten wir wirklich gegenüber unseren Mitmenschen Güte und Barmherzigkeit leben. Wenn es sonst kaum möglich erscheint, aber zu Weihnachten soll es dann wenigstens die paar Tage funktionieren: die heile Welt.

Dann kommt oft die tragische Erfahrung: Die heile Welt funktioniert nicht auf Anweisung. Es fällt den Mitmenschen schwer, den guten Worten und Vorsätzen zu vertrauen, die in den letzten Jahren spätestens nach einer Woche vom grauen Alltag eingeholt wurden. Es fällt schwer, einem Menschen gute Worte zu sagen, wenn dieser einen im letzten Jahr kaum beachtet hat oder gar an verschiedenen Stellen enttäuscht hat. Natürlich können manche Menschen Weihnachten auch mit einer gewissen Fähigkeit zur Schauspielerei gut und fröhlich verbringen. Aber es wird Jahr um Jahr schwerer werden, diese Fähigkeit weiter zu entwickeln.

Wie lösen wir diese Spannung zwischen dem Verhalten in unserem Alltag und zum Christfest auf? Es wäre eine falsche Ehrlichkeit, wenn wir meinten, Weihnachten unserem gewöhnlichen Alltag einfach anzugleichen. Dann würde der erhabene Anspruch des Christfestes an unser Menschsein verloren gehen. Dann würde wohl jegliche Hoffnung auf Freude und Liebe auch zunehmend verschwinden.

Jesus Christus ist gekommen, um uns zu helfen, unsere Güte im Herzen auch in schwierigen Lebenslagen zu leben. Jesus Christus kennt unsere Sorgen und unsere Zwänge. Das können auch die komplizierten Familienverhältnisse sein, die so geworden sind, wie sie eben geworden sind. Selbst wenn jeder und jede das Beste geben, findet sich leider nicht immer der gemeinsame Weg. Das ist tragisch, da sich ein gemeinsamer Weg eben schon gleich gar nicht erzwingen lässt. Jesus Christus ist wohl bewusst, dass wir manchmal schon anders handeln würden. Jedoch fehlt uns die Kraft oder die Phantasie, um die äußeren Grenzen geschickt zu durchbrechen. Jesus Christus kennt aber auch unseren Egoismus, unseren Willen, Macht auszuüben oder gar zu missbrauchen.

Wenn wir darin Jesus Christus anerkennen, dass er uns kennt mit unseren Stärken und Schwächen, dann beginnt unser Glaube. Es ist ein Glaube wie ein Samenkorn, das gute Chancen hat zu gedeihen und zu wachsen.

Wenn wir bereit sind, unsere Lebenslage vor uns selbst und vor Jesus Christus anzuerkennen, dann fällt es uns leichter, ein offenes Wort zu wagen. Niemand erwartet von uns, dass wir in allen Dingen perfekt sind und immer im richtigen Moment ein wohl ausgewogenes Wort parat haben. Wem es aber gelingt, ehrlich auf das vergangene Jahr zurückzublicken, dem werden die guten Worte eher abgenommen. Schließlich haben dann die Hörenden das Gefühl, dass der Andere die Spannung zwischen der Wirklichkeit und dem idealen Wollen wahrnimmt. Daran können Menschen viel leichter anknüpfen, um gemeinsam konkrete Schritte zu bedenken und zu gehen, die etwas von der weihnachtlichen Freude in das nächste Jahr hineintragen. Wenn das gelingt, dann erfüllt das Christfest seinen Sinn.

Dann beginnt ein neues Leben, wenn Menschen sich von den äußeren Zwängen des Lebens nicht mehr vordergründig beeindrucken lassen. Wessen Herz gefüllt ist von der weihnachtlichen Botschaft der Liebe und Vergebung, wird diese Botschaft leben wollen. Obwohl sich solch ein Mensch auch vergeblich bemühen wird oder gar auch Fehler machen wird, schuldig wird oder eben versagt, so wird er dennoch auch Gutes bewirken. Wer eine Vision von gutem Handeln in seinem Herzen hat, wird eher die entsprechenden Entscheidungen in seinem Leben fällen. Dann entwickelt sich Glaube im Inneren der Seele und im praktischen Handeln.

Die Liebe Gottes zu leben, gehört zu den großen Herausforderungen unseres Lebens als Christen. Natürlich sind uns die Zehn Gebote – zumindest vom Namen her - bekannt und noch viel mehr die guten Ratschläge von Eltern und Großeltern, von Lehrern und Pfarrern. Aber in einer konkreten Lebenslage wirklich angemessen zu handeln, fordert vor allem bei wichtigen Ereignissen unsere ganze Person. Wenn wir in einem solchen Moment genügend Zeit hätten, dann würde uns vielleicht etwas einfallen, das die Zwänge des Lebens durchbricht. Aber selbst wenn wir genügend Zeit hätten, gibt es keine Garantie für gutes Handeln. Entscheidender ist wohl eher, wie unsere Grundeinstellung ist. Dort, wo ein lebendiger Glaube gegenwärtig gehalten wird, besteht eher die Wahrscheinlichkeit, dass Menschen gutes Handeln in den Blick nehmen.

Schließlich erwartet ein lebendiger Glaube von Gott Vergebung. Wer diese Vergebung von Gott erfahren hat, ist eher bereit, diese Vergebung zu leben und an seine Mitmenschen weiterzugeben. Dort, wo Vergebung gelebt wird, dort wird nicht gerichtet oder gar abgeurteilt. Vergebung ermöglicht einen guten Neuanfang, damit Menschen ihre Fähigkeiten und Begabungen entwickeln können.

Bei dem Gericht Gottes steht das Heil-Machen im Vordergrund, nicht das Aburteilen. Das unterscheidet sich deutlich von der gängigen Vorstellung eines Gerichtes. Jesus Christus ist zum Heil aller Menschen gekommen, auch zu denen, die sich vielleicht selbst die größte Schuld an allem zuweisen.

Gerade bei zerrütteten Familienverhältnissen erlebe ich Menschen, die sehr unter Schuldgefühlen leiden und deshalb meinen, sich in der Kirche nicht wohl fühlen zu können. Die biblische Botschaft sagt aber etwas anderes. Gerade für diese Menschen ist Jesus Christus gekommen, die an Schuld leiden, damit ihre Seele Heil wird und sie eben im guten Sinne etwas Neues beginnen können. Deshalb sind diese Menschen uns besonders herzlich willkommen. Sie bereichern unsere Gemeinschaft und stehen mit uns unter dem Segen Gottes. Der Segen Gottes erinnert uns an unsere eigene Taufe, die uns zu Kindern Gottes gemacht hat. Der Segen Gottes kann auch in Ruhe die Entscheidung zur eigenen Taufe oder für die der eigenen Kinder reifen lassen. Damit Menschen in ihrer Seele heil werden und somit einen guten Lebensmut haben, dafür ist die gute Botschaft von Jesus Christus da.

Es ist allgemein bekannt, welche guten Wirkungen ein gutes Wort, eine gute Botschaft, auf einen Menschen hat. Wer gelobt wird, geht gleich ganz anders an seine Aufgaben heran. Wer durch freundliche Worte Anerkennung findet, entwickelt sich weiter. Wem ein vergebendes Wort zugesprochen wird, kann befreit in die Zukunft schauen. Dagegen können böse Worte einen Menschen innerlich vernichten.

Obwohl nun gute Worte nicht gleich immer eine religiöse Formel beinhalten, so transportieren sie dennoch etwas Göttliches. Wenn eine Seele aufgebaut wird, dann geschieht etwas Göttliches. Wenn Menschen zu ihrer Bestimmung, zu ihrem von Gott geschenktem Leben Ja sagen können, dann geschieht etwas Göttliches. Wenn Menschen durch ein gutes Wort eine neue hoffnungsvolle Zukunft vor sich sehen, dann geschieht etwas Göttliches.

So wie Gott sein gutes Wort durch Jesus Christus hat lebendig werden lassen, so vermittelt jedes gute Wort etwas von dem göttlichen Lichtfunken. Gott schenkt uns sein gutes Wort und lässt uns die Freiheit, darauf zu antworten. Das zeichnet ein gutes Wort aus, das es keine bestimmte Antwort erzwingt. Ganz gleich wie die Antwort ausfällt, Gott hält an seinem guten Wort fest und vertraut darauf, dass es Menschen am Ende doch im Herzen ergreifen wird, sodass sie es selbst ergreifen. Dann wird der Sinn des Christfestes über das Jahr hinweg leuchten und Menschen eine innere Lebensfreude schenken.

Und der Friede Gottes, der höher ist als alle Vernunft, bewahre eure Herzen und Sinne in Jesus Christus! (Philipper 4, 7)

„Von guten Mächten wunderbar geborgen“

Predigt zum Altjahresabend

Leipzig-Connewitz, am 31. Dezember 2010

Die Gnade unseres Herrn Jesus Christus und die Liebe Gottes und die Gemeinschaft des Heiligen Geistes sei mit euch allen! (2. Korinther 13, 13)
Stilles Gebet

Predigttext: Jesaja 30, 15-21

Liebe Gemeinde,
wir wollen uns den Predigttext aus dem Prophetenbuch Jesaja aus dem 30. Kapitel heute Vers für Vers erschließen. Dazu wollen wir jeweils zu einem Bibelvers eine Strophe des Liedes „Von guten Mächten wunderbar geborgen“ (Evangelisches Gesangbuch = EG Nr. 65) singen. Ich war selbst überrascht, wie gut das Prophetenwort mit dem Lied zusammenpasst. So beginnt unser Predigttext mit den Worten:

„Denn so spricht der Herr, der Heilige Israels: Nur in Umkehr und Ruhe liegt eure Rettung, nur Stille und Vertrauen verleihen euch Kraft.“

Das Prophetenwort ist ein sehr besonnenes Wort aus einer sehr turbulenten Zeit. Der Prophet Jesaja lebte im 8. vorchristlichen Jahrhundert, als die Assyrer Israel existenziell bedrohten und im Jahre 722 vor Christus das Nordreich dann zerstörten und die Menschen wegführten. Alle Mahnungen des Propheten, sich Gott zuzuwenden und mit Ruhe auf ihn zu vertrauen, blieben ungehört. Die Menschen damals versuchten in ihrer Angst vor der realen Gefahr die Bedrohung mit politischen Machtmitteln abzuwehren. Sie vertrauten lieber auf fremde Götter oder auf Versprechungen anderer Großmächte. Für Jesaja war es erstaunlich, wie die Israeliten ihren Glauben aufgaben und meinten, ihn an äußeren Dingen festmachen zu müssen.

Es ist keinesfalls einfach, in einer sehr bedrohlichen Lebenslage die Ruhe zu bewahren. Alle Überlegungen werden von der Angst überschattet, dass die Gefahr Realität wird. Alles Denken und Fühlen reduziert sich auf diesen einen Punkt. Damit gelingt es nicht, wirklich das Problem zu lösen. In jeder schwierigen Lage gibt es immer mehr als eben nur das akute Problem. Um eben über die eigene Begrenztheit hinauszublicken, bedarf es der Hinwendung zu Gott in der nötigen Ruhe.

Aus dieser Ruhe, auf diesem Fundament kann Vertrauen wachsen, das die nötige Kraft schenkt. Dabei geht es nicht in erster Linie darum, den eigenen Willen durchzudrücken, sondern vielmehr aus der gegebenen Situation dennoch etwas Konstruktives zu machen. Bei allen Wünschen für das kommende Jahr werden wir auch hier und da lernen müssen, dass manches anders kommen wird, als wir es uns vorstellen. Aber deshalb muss es nicht gleich schlecht sein.

Dietrich Bonhoeffer dichtete „Von guten Mächten wunderbar geborgen“ im Advent 1944 im Gefängnis. Trotz seiner hoffnungslosen Lage behielt er sich die innere Freiheit, seine Glaubenshoffnung zu bezeugen. Er hing seinen Glauben nicht an ehrbare oder wenige ehrbare Personen oder an äußere Mächte, sondern er vertraute allein dem, der alles Schicksal in seiner Hand behält. Ihm traute er zu, dass er auch sein Schicksal zu einem Ende führen wird, in dem er Liebe und Geborgenheit erlebt.

Die Gemeinde singt EG 65, 1

Von guten Mächten treu und still umgeben,
behütet und getröstet wunderbar,
so will ich diese Tage mit euch leben
und mit euch gehen in ein neues Jahr.

Jesajas Zeitgenossen reagierten anders in ihrer Not, so heißt es bei Jesaja weiter: „Doch ihr habt nicht gewollt, sondern gesagt: Nein, auf Rossen wollen wir dahinfliegen. Darum sollt ihr jetzt fliehen. Ihr habt gesagt: Auf Rennpferden wollen wir reiten. Darum rennen die Verfolger euch nach."

Die Israeliten meinten, mit einer geschickten Machtpolitik ihr Schicksal abwenden zu können. Am Ende rissen sie sich damit nur tiefer herein. Die anderen Machthaber saßen einfach am längeren Hebel und konnten ganz andere Reiterheere zusammenstellen. Es war nicht besonders klug, die anderen durch Aufrüstung zu reizen. So folgten böse Tage für das Volk Israel.

In einer solchen Situation hilft es dann nicht, Schuldzuweisungen ins Feld zu führen. Das verbessert die Lage nicht. Im Gegenteil, es besteht die Gefahr nur zurückzublicken und dadurch die Zukunft aus dem Blick zu verlieren.

Dietrich Bonhoeffer formuliert in seinem Lied ein Gebet für die „aufgeschreckten Seelen". Es ist eine gute Beschreibung für Menschen, die - warum auch immer - durch Leid hindurch müssen. Die Verunsicherung infolge der misslichen Umstände schlägt sich auf die Seele nieder. Trotzdem bleibt die Bestimmung des Menschen für das Heil erhalten. Darum bittet Dietrich Bonhoeffer in bedrängter Zeit.

Die Gemeinde singt EG 65, 2

Noch will das alte unsre Herzen quälen,
noch drückt uns böser Tage schwere Last.
Ach Herr, gib unsern aufgeschreckten Seelen
das Heil, für das du uns geschaffen hast.

Wir hören den nächsten Vers von Jesaja:
„Tausende werden zittern, wenn ein Einziger droht, wenn nur fünf euch drohen, ergreift ihr alle die Flucht, bis das, was von euch übrig ist, aussieht, wie ein Fahnenmast auf dem Gipfel eines Berges, wie ein Feldzeichen auf dem Hügel."

Oft ist es mit einem schwierigen Schicksal noch nicht genug. Da kommt dann noch eins drauf. Dann fühlen wir uns völlig verloren. Wir haben das Gefühl niemand ist mehr für uns da. Wir sind einsam, wie ein verlassener Fahnenmast auf einem Berge. Von diesem Berge könnten wir vielleicht weit in die Ferne blicken, aber alle Wahrnehmung richtet sich auf das eigene Leid. Alles andere existiert nicht mehr.

In dem Lied werden wir dazu gleich sehr herausfordernde Zeilen singen. Dietrich Bonhoeffer ergreift nicht die Flucht vor dem Leid, sondern wendet sich dem Leid zu. Ja, er sieht es sogar so, dass Gott selbst diesen Leidenskelch reicht. Das gibt dem Leid eine ganz andere Perspektive. Wenn Gott das Leid gibt, dann wird er auch die Kraft geben, aus diesem Leid gestärkt hervorzugehen.

Die Zuversicht, im Leid auch eine Chance für das Leben und den Glauben zu sehen, wächst aus dem Vertrauen, dass Gott über dem Leid, über dem Bösen, über allem Schicksal steht. Mit diesem Vertrauen steht nicht die Resignation infolge des erlebten Leides im Vordergrund, sondern die Hoffnung, dass Gott Böses in Gutes verwandeln kann.

Die Gemeinde singt EG 65, 3
Und reichst du uns den schweren Kelch, den bittern
des Leids, gefüllt bis an den höchsten Rand,
so nehmen wir ihn dankbar ohne Zittern
aus deiner guten und geliebten Hand.

Hören wir weiter den Jesajatext:

„Darum wartet der Herr darauf, euch seine Gnade zu zeigen, darum erhebt er sich, um euch sein Erbarmen zu schenken. Denn der Herr ist ein Gott des Rechtes; wohl denen, die auf ihn warten."

Wer kann so optimistisch auf die Gnade Gottes vertrauen, wie es Jesaja praktiziert? Schließlich befand sich Jesaja mit seinem Volk in einer sehr misslichen Lage. Jesaja und Bonhoeffer blicken in ihrer verzweifelten Lage nicht nach unten, sondern nach oben. Da sehen sie Dinge, die ihnen trotz aller leidvollen Umstände Freude schenken.

Die Freude darüber, dass Gott Erbarmen schenken wird, lässt sie guten Mutes in die Zukunft schauen. Diese Erfahrung, im Leid Erbarmen geschenkt zu bekommen, ist eine tiefe Erfahrung für den Menschen, denn dadurch wird ihm eine neue Zukunft eröffnet. Aus einer Leiderfahrung heraus zu einem neuen Weg aufbrechen zu können, lässt einen Menschen im Glauben und Leben reifen. Die Fragen des Lebens reduzieren sich nicht mehr auf Dafür und Dagegen, auf Gut und Böse, auf Freund und Feind als Gegensätze. Der Glaube ermöglicht einen Prozess, eine Wandlung von leidvollen Situationen in segensreiche. Mit diesem Blickwinkel sieht alles Leid anders aus.

Die Gemeinde singt EG 65, 4

Doch willst du uns noch einmal Freude schenken
an dieser Welt und ihrer Sonne Glanz,
dann wolln wir des Vergangenen gedenken,
und dann gehört dir unser Leben ganz.

Wir fahren mit Jesaja fort:

„Ja, du Volk auf dem Berg Zion, das in Jerusalem wohnt, du brauchst jetzt nicht mehr zu weinen. Der Herr ist dir gnädig, wenn du um Hilfe schreist; er wird dir antworten, sobald er dich hört."

Trauer um etwas Verlorenes ist sehr wichtig. Es gibt Lebenssituationen da wollen viele Tränen geweint sein, weil das Leid so unermesslich ist. Jeder ist auch gut beraten, sich dafür die nötige Zeit zu nehmen, um von Vertrautem Abschied zu nehmen. Das fällt Menschen unterschiedlich schwer.

Aber es kommt die Zeit, in der die Tränen für das Verlorene vorüber sind. Jesaja untersetzt diese Entwicklung mit dem Vertrauen in die Gnade Gottes. Diese Gnade Gottes wird Hilfe ermöglichen, die neues Leben stiftet, die einen neuen Lebensabschnitt beginnen lässt.

Die unterschiedlichen Befindlichkeiten, mit Leid umzugehen, machen es Menschen schwer, zueinander zu kommen. Während für die einen das Wahrnehmen des Leides wichtig ist, wollen die anderen zu einem neuen Lebensabschnitt aufbrechen. Ehepaare leben sich oft in der Folge von Trauer um ein Kind auseinander, weil sich ihr Lebensgefühl infolge der Trauer unterschiedlich entwickelt. So dichtet Bonhoeffer nicht von ungefähr, dass Gott die Menschen nach der Erfahrung von Dunkelheit wieder zusammenführt. Leiderfahrungen verändern die Menschen. Es lässt sich nicht ohne Weiteres wieder an dem Punkt anknüpfen, bevor das Leid aufbrach.

Die Gemeinde singt EG 65, 5

Lass warm und hell die Kerzen heute flammen,
die du in unsre Dunkelheit gebracht,
führ, wenn es sein kann, wieder uns zusammen.
Wir wissen es, dein Licht scheint in der Nacht.

Wir setzen mit Jesaja fort.
„Auch wenn dir der Herr bisher nur wenig Brot und nicht genug Wasser gab, so wird er, dein Lehrer, sich nicht mehr verbergen. Deine Augen werden deinen Lehrer sehen, deine Ohren werden es hören, wenn er dir nachruft: ..."

Die Erfahrung der Nähe Gottes lässt Menschen auch in sehr spärlichen Gegebenheiten voller Lebensmut in die Zukunft schauen. Denn, was brauchen wir als Menschen wirklich zum Leben? Üblicherweise wünschen sich heute viele Menschen Gesundheit für das kommende Jahr. Mit einem gesunden Körper geht Vieles in unserem Leben wesentlich besser. Wenn aber die Seele krank ist, dann ist die körperliche Gesundheit auch nicht alles.

Bonhoeffer beschreibt mit einem wunderbaren Bild eine gesunde Seele. Im ersten Moment wirkt es widersprüchlich. Wie passen „Stille" und „voller Klang" zusammen? Aber gerade in dieser Stille, die Bonhoeffer anspricht, hören wir den vollen Klang der Schöpfung, nehmen wir das Handeln Gottes wahr. Wenn uns der Trubel der Zeit nicht die Sinne raubt und sich um uns eine tief innere Stille ausbreitet, dann beobachten wir Dinge, die uns sonst verborgen bleiben. Diesen Blick auf das Wesentliche in unserem Leben lässt uns einen inneren Lobgesang anstimmen, der unsere Seele heilt, der zum Segen für andere wird.

Die Gemeinde singt EG 65, 6

Wenn sich die Stille nun tief um uns breitet,
so lass uns hören jenen vollen Klang
der Welt, die unsichtbar sich um uns weitet,
all deiner Kinder hohen Lobgesang.

Hören wir nun den letzten Vers von Jesaja.
„Hier ist der Weg, auf ihm müsst ihr gehen, auch wenn ihr selbst rechts oder links gehen wolltet.“

Das wünschten wir uns manchmal, dass einfach jemand sagt, wo der Weg lang geht. Da können wir alle Verantwortung und die Last der Entscheidung abgeben. Es gibt einzelne Momente im Leben, in denen das hilfreich sein könnte. Andererseits finden wir es auch sehr nervig, wenn jemand meint, uns unseren Weg vorschreiben zu können.

Es geht Jesaja nicht darum, jemand konkret vorzuschreiben, worin der richtige Weg besteht. Er möchte nicht detailliert anordnen, tu dies oder lasse dies. Vielmehr geht es ihm um die grundsätzliche Glaubenseinstellung, wie wir sie eingangs hörten. „Nur in Umkehr und Ruhe liegt eure Rettung, nur Stille und Vertrauen verleihen euch Kraft.“ Im Volksmund heißt es etwas kürzer „In der Ruhe liegt die Kraft.“

Dietrich Bonhoeffer beginnt in der ersten Strophe mit der Wahrnehmung der Erfahrung vom Getröstet-Werden. In der letzten Strophe heißt es „erwarten wir getrost, was kommen mag“. Damit dieser Wandel im Fühlen und Denken Gestalt annehmen kann, braucht es eines guten Fundaments im Glauben. Dann werden aus den „aufgeschreckten Seelen“ „Kinder hohen Lobgesangs“. Auf diesen Wandel zielt die Verkündigung des Jesaja ab. Diesen Wandel kann er sich nur vorstellen, wenn Menschen nach Gott fragen und sich von seiner Gnade beschenken lassen.

Und der Friede Gottes, der höher ist als alle Vernunft, bewahre eure Herzen und Sinne in Jesus Christus! (Philipper 4, 7)

Die Gemeinde singt EG 65, 7

Von guten Mächten wunderbar geborgen,
erwarten wir getrost, was kommen mag.
Gott ist bei uns am Abend und am Morgen
und ganz gewiss an jedem neuen Tag.

Es scheint ein großes Licht

Predigt zum 1. Sonntag nach Epiphanias

Markkleeberg-Ost, am 9. Januar 2011

Gnade sei mit euch und Friede von dem, der da ist und der da war und der da kommt! (Offenbarung 1, 4)
Stilles Gebet

Predigttext: Matthäus 4, 12-17
Als nun Jesus hörte, dass Johannes gefangen gesetzt worden war, zog er sich nach Galiläa zurück. Und er verließ Nazareth, kam und wohnte in Kapernaum, das am See liegt im Gebiet von Sebulon und Naftali, damit erfüllt würde, was gesagt ist durch den Propheten Jesaja, der da spricht: »Das Land Sebulon und das Land Naftali, das Land am Meer, das Land jenseits des Jordans, das heidnische Galiläa, das Volk, das in Finsternis saß, hat ein großes Licht gesehen; und denen, die saßen am Ort und im Schatten des Todes, ist ein Licht aufgegangen.«
Seit der Zeit fing Jesus an zu predigen: Tut Buße, denn das Himmelreich ist nahe herbeigekommen!
Der Herr segne an uns sein Wort.

Liebe Gemeinde,
wenn wir den Predigttext so hören, dann steht erst einmal nicht viel drin. Wir werden darüber informiert, dass Jesus sich infolge der Verhaftung von Johannes dem Täufer nach Galiläa zurückzieht. Es werden zwei Ortsnamen genannt: Nazareth und Kapernaum, hinzukommen die Stämme des Volkes Israel: Sebulon und Naftali. Der Aufenthalt wird mit einem Jesajazitat illustriert. Das macht sich immer gut, in seinen Texten Zitate einfließen zu lassen. Das zeugt von Bildung. Am Ende des Textes vernehmen wir nur kurz, dass Jesus angefangen hat zu pre-

digen. Ein kurzer Satz, der uns aus anderen Zusammenhängen inhaltlich geläufig ist. Also dann „Tut Buße, denn das Himmelreich ist nahe herbeigekommen."

Eigentlich könnte ich jetzt meine Predigt schließen, denn das Offenkundige ist gesagt. In unserer heutigen Denkweise interessieren wir uns für Fakten. Daran machen wir Wahrheiten fest. Diese haben Sie nun gehört. Aber der antike Mensch denkt und fühlt anders. Bei ihm schwingen in den Worten viel mehr Emotionen mit, als es bei uns gemeinhin üblich ist. Informationen werden nicht der Information wegen mitgeteilt, sondern es geht eigentlich um die Bedeutung, die Informationen haben. Dahinter steht die Sinnfrage, der der antike Mensch versucht näher zu kommen, indem er die Fakten als Zeichen für tiefere Zusammenhänge deutet. Es lohnt sich, sich dieser Seite des Textes zu nähern. Deshalb wollen wir uns dieser anderen Dimension intensiver zuwenden und noch nicht nach Hause gehen.

In unserem Predigttext schwingen sehr viele Bezüge zur Vergangenheit und zur Zukunft des Volkes Israel mit. Da müssen wir erst einmal einen kleinen Exkurs in das Matthäusevangelium selbst machen. Matthäus beginnt mit dem Stammbaum Jesu, der ihn mit dem berühmten König David aus dem Stamm Juda verbindet. Diese Verbindung lässt Jesus auch in Bethlehem geboren werden, da David ebenfalls aus Bethlehem kommt. Jesus wird in eine sehr berühmte Tradition hineingestellt, die mit vielen Verheißungen versehen ist. Die Evangelisten sehen in Jesus die Erfüllung dieser Verheißungen aus dieser Tradition. Diese königliche Verbindung ist von hoher Wichtigkeit für die Verwurzelung des christlichen Glaubens in der jüdischen Tradition. Sie läuft aber Gefahr, dass sie sich vom Volk entfremdet, da dieses eher unter den realen Königen gelitten hat. Deshalb wird Matthäus für Jesus noch eine andere Perspektive aufzeigen, von der später zu reden sein wird.

Nach der Geburtsgeschichte folgt bei Matthäus sofort die Begegnung mit Johannes dem Täufer und die Taufe Jesu. Damit erhält Jesus die religiöse Legitimation für seinen Auftrag. Johannes wirkte in der Nähe von Jerusalem am südlichen Jordan, wo der politische König der Juden Herodes Antipas unter römischer Vorherrschaft regierte. Danach folgt die Versuchungsgeschichte Jesu, in der er dem Teufel begegnet. Diese spielt vermutlich in der Wüste von Juda. Diese Geschichte unterstreicht nochmals, dass Jesus für die von Gott vorgesehene Mission bereit ist.

Nun setzt unser Predigttext ein. Sie merken, liebe Gemeinde, von dem eigentlichen Geschehen, dass wir sonst so von Jesus kennen, ist noch nicht allzu viel passiert. Die Verhaftung von Johannes dem Täufer ist der Anlass, dass sich Jesus nach Norden absetzt. Galiläa liegt knapp 100 km nördlich. Die Jerusalemer hatten das Selbstbewusstsein, dass sie den wahren Glauben haben. Dagegen hatten aus Sicht der Jerusalemer die nördlichen Stämme nur einen lauen Glauben zweiter Wahl. An diesem unterschiedlichen Wertgefühl kristallisiert sich eine Reihe von Geschichten mit Jesus, wie beispielsweise die Geschichte mit dem barmherzigen Samariter. Sie, liebe Gemeinde, können sich vorstellen, dass jemand, der dann so in die Jerusalemer Tradition eingebunden wird, für die anderen nur mit Skepsis betrachtet werden kann.

Deshalb ist die Wanderung Jesu nach Norden für seinen weiteren Weg von großer Bedeutung und eben nicht nur ein Aufsuchen beliebiger Orte. Zuerst war er wohl in Nazareth, in der Stadt, in der seine Familie lebte und in der er höchstwahrscheinlich als Kind aufgewachsen ist. Danach geht er nach Kapernaum. Überhaupt werden dann später die meisten seiner Geschichten aus dieser Region um den See Genezareth erzählt.

Die hier erwähnten Orte werden den Stämmen Israels Sebulon und Nephtali zugeordnet. Diese Region ist besonders im 8. vorchristlichen Jahrhundert durch die Kriege der Assyrer in Mitleidenschaft gezogen worden. Die Menschen dort haben viel Leid erfahren. Jesus geht zuerst in diese Region, in der Menschen Schweres durchgemacht haben. Als diese Region mit Krieg überzogen wurde, lebte der Prophet Jesaja. Trotz dieses Leides sah er für diese Region ein Licht aufgehen, so lautet das Jesajawort im Original, das Matthäus etwas frei wiedergegeben hat: „Doch es wird nicht dunkel bleiben über denen, die in Angst sind. Hat Gott in früherer Zeit in Schmach gebracht das Land Sebulon und das Land Naftali, so wird er hernach zu Ehren bringen den Weg am Meer, das Land jenseits des Jordans, das Galiläa der Heiden. Das Volk, das im Finstern wandelt, sieht ein großes Licht, und über denen, die da wohnen im finstern Lande, scheint es hell."

Den zweiten Teil des Wortes kennen Sie aus den prophetischen Texten am Heiligen Abend. Nun zitiert Matthäus dieses Jesajawort nicht, um seine Bildung unter Beweis zu stellen, sondern er zieht wie an vielen anderen Stellen eine Verbindungslinie von den alten Texten und dem jüdischen Glauben zur Person Jesu und seiner Verkündigung. In Jesus sieht Matthäus die Erfüllung der alten Verheißungen. Das große Licht ist Jesus, der zu den leidenden Menschen geht. Das ist für die Mission von Jesus genauso wichtig, wie die Verankerung in der davidischen Tradition. Beides gehört zu dem grundlegenden Verständnis zu Jesus. Das muss geklärt sein, bevor Jesus mit Vollmacht handeln kann. Die Christen werden besonders die Theologie von Jesaja aufgreifen, die aus dem Leid den Gottesknecht erwachsen sieht. Das bekommt durch die Leidensgeschichte Jesu selbst nochmals einen tieferen Sinn.

Der Verkündigungsinhalt Jesu in unserem Predigttext lehnt sich ganz und gar an Johannes dem Täufer an. Das unterstreicht nochmals, dass sich Jesus der jüdischen Theologie verbunden fühlt und zwar hier stärker der alternativen Theologie, wie sie bei den Essenern in Qumran gelebt wurde. Dieses Ringen um authentisches Leben im Glauben hat viele Zeitgenossen fasziniert, obwohl sie selbst den Glauben so nicht leben konnten oder wollten.

Sie werden nun schon längst gemerkt haben, dass Matthäus mit den Informationen mehr meint, als nur konkrete Fakten. So wird Ihnen schnell deutlich sein, dass das „nahe herbeigekommene Himmelreich" weder räumliche noch zeitliche Nähe im Sinne der Physik meint. Das Reich Gottes ist dort erlebbar, wo Menschen die Wirklichkeit Gottes spüren. Es ist eher ein Ausdruck der Lebenserfahrung. Dort, wo sich Menschen Gott zuwenden, da realisiert sich ein Stück der Wirklichkeit Gottes, da reißt der Himmel ein Stück auf und wir sehen das Licht, ein Stück von der Herrlichkeit Gottes.

Nach diesem verheißungsvollen Auftakt lässt Matthäus dann seine Jünger finden und dann folgt schon gleich das Grundsatzprogramm, die Bergpredigt in Kapitel 5 bis 7 im Matthäusevangelium. Diese Bergpredigt wird dann über die jüdische Tradition hinausgehen, in dem Jesus die Menschen unter anderem zur Feindesliebe auffordert. Erst nach dieser Verkündigung folgen die Heilungsgeschichten.

Sie merken, liebe Gemeinde, dass unser Predigttext nicht nur einfach so ein Text ist, der eben zur Predigt dran ist. Er ist ein wichtiger Baustein in der Textkomposition des Matthäus. In ihm liegen wichtige Aussagen zum Grundverständnis des Wirkens Jesu, wie Vergangenheit und Zukunft in der Gegenwart verwoben sind.

Auch wir stehen in einer Glaubenstradition, die uns einlädt, Vergangenheit und Zukunft in der Gegenwart miteinander zu verknüpfen. Keinesfalls haben wir einen Auftrag, der mit Jesus vergleichbar wäre, aber wir stehen in seiner Nachfolge. Es bleibt in jedem Leben spannend, wie sich Vergangenheit und Zukunft in der Gegenwart begegnen. Unter der Perspektive des Glaubens steht über dieser Spannung die Kraft, die unser Leben zu dem Licht führen will, das Liebe und Wahrheit vereint. In diesem Spannungsfeld sind Informationen eben nicht nur Informationen. Es schwingen in ihnen immer Wertungen mit. Es gibt keine Information ohne Wertung. Der Glaube hilft uns im Chaos der Informationen zwischen wichtigen und unwichtigen Informationen zu unterscheiden. Er vermag auch, Informationen mit der Wertung zu versehen, die zu einem wahrhaftigen Leben führt, die uns das Licht des Lebens erkennen lässt.

„Tut Buße!" heißt nicht, lauft geknickt durch die Welt. Es bedeutet viel mehr, eben die Informationen unseres Lebens unter dem Blickwinkel Gottes zu sehen. Dann werden wir bei Informationen danach fragen, was bedeuten sie für die

Liebe und wie lässt sich Liebe darin gestalten. Nur diese Informationen, die etwas mit Liebe und Barmherzigkeit sowie mit Vergebung und Versöhnung zu tun haben, werden für unser Leben am Ende wirklich wichtig sein. Die anderen Informationen werden über kurz oder lang in der Bedeutungslosigkeit versinken, weil sie unser Herz nicht reich machen und eben unserem Herz nicht das wahre Licht der Welt zeigen können. Dieses wahre Licht der Welt in Jesus Christus will uns den Weg leuchten, dass wir erkennen, woher wir kommen und wohin wir als Kinder Gottes gehen können.

Und der Friede Gottes, der höher ist als alle Vernunft, bewahre eure Herzen und Sinne in Jesus Christus! (Philipper 4, 7)

Der Segen des dreifaltigen Gottes

Predigt zur Eröffnung der Bibelwoche 2011

Leipzig-Marienbrunn, am 23. Januar 2011

Die Gnade unseres Herrn Jesus Christus und die Liebe Gottes und die Gemeinschaft des Heiligen Geistes sei mit euch allen! (2. Korinther 13, 13)

Stilles Gebet

Predigttext: Epheser 1, 1-14

Paulus, ein Apostel Christi Jesu durch den Willen Gottes, an die Heiligen in Ephesus, die Gläubigen in Christus Jesus:

Gnade sei mit euch und Friede von Gott, unserm Vater, und dem Herrn Jesus Christus! Gelobt sei Gott, der Vater unseres Herrn Jesus Christus, der uns gesegnet hat mit allem geistlichen Segen im Himmel durch Christus.

Denn in ihm hat er uns erwählt, ehe der Welt Grund gelegt war, dass wir heilig und untadelig vor ihm sein sollten; in seiner Liebe hat er uns dazu vorherbestimmt, seine Kinder zu sein durch Jesus Christus nach dem Wohlgefallen seines Willens, zum Lob seiner herrlichen Gnade, mit der er uns begnadet hat in dem Geliebten.

In ihm haben wir die Erlösung durch sein Blut, die Vergebung der Sünden, nach dem Reichtum seiner Gnade, die er uns reichlich hat widerfahren lassen in aller Weisheit und Klugheit.

Denn Gott hat uns wissen lassen das Geheimnis seines Willens nach seinem Ratschluss, den er zuvor in Christus gefasst hatte, um ihn auszuführen, wenn die Zeit erfüllt wäre, dass alles zusammengefasst würde in Christus, was im Himmel und auf Erden ist.

In ihm sind wir auch zu Erben eingesetzt worden, die wir dazu vorherbestimmt sind nach dem Vorsatz dessen, der alles wirkt nach dem Ratschluss seines Willens;

damit wir etwas seien zum Lob seiner Herrlichkeit, die wir zuvor auf Christus gehofft haben.
In ihm seid auch ihr, die ihr das Wort der Wahrheit gehört habt, nämlich das E-vangelium von eurer Seligkeit - in ihm seid auch ihr, als ihr gläubig wurdet, versiegelt worden mit dem heiligen Geist, der verheißen ist, welcher ist das Unterpfand unsres Erbes, zu unsrer Erlösung, dass wir sein Eigentum würden zum Lob seiner Herrlichkeit.
Der Herr segne an uns sein Wort!

Liebe Gemeinde,
der heutige Predigttext ist sonst dem Trinitatisfest vorbehalten, weil er in besonderer Weise von der Dreifaltigkeit Gottes erzählt. Dabei kennt er noch nicht die spätere Diskussion in der Alten Kirche um die Trinitätslehre, um die Lehre von der Dreifaltigkeit Gottes. In jedem unserer Gottesdienste spielt diese Vorstellung von der Dreifaltigkeit Gottes eine wichtige Rolle, wenn wir das dreifache Kyrie in der Eingangsliturgie singen oder das Apostolische Glaubensbekenntnis beten. Unser Predigttext lässt sich in drei Abschnitte teilen, wie es eben die Dreifaltigkeit Gottes vorgibt.

1. Gottes Segen galt uns Menschen schon vor der Schöpfung.
2. Gottes Segen empfangen wir durch die Vergebung in Jesus Christus.
3. Gottes Segen macht uns durch den Heiligen Geist zu Erben Gottes.

Zu 1. Gottes Segen galt uns Menschen schon vor der Schöpfung.
Gedanklich vor die Schöpfung Gottes zurückzugehen und zu fragen, wie Gottes Wirklichkeit dann zu beschreiben wäre, fällt uns heute sehr schwer. Wir denken chronologisch von einem Anfangspunkt zu einem Endpunkt. Folglich können Ereignisse nur dazwischen liegen, über die man nachdenken kann. In der Bibel gibt es eine Reihe von Texten, die auf die Zeit vor der Schöpfung Bezug neh-

men. Dieses „Vor“ hat aber keinen zeitlichen Bezug in unserem heutigen Sinne einer ablaufenden Uhr, sondern mit diesem „vor aller Zeit“ will der biblische Schriftsteller seinen Lesern das unveränderliche Wesen Gottes deutlich machen. So auch der Verfasser des Epheserbriefes. Wenn sich etwas außerhalb unseres zeitlichen Denkens befindet, dann unterliegt es keiner zeitlichen Veränderung, dann existiert es ewig.

Diese Ewigkeit schreibt der Paulusschüler dem Segen Gottes für uns Menschen zu. Wir machen die Erfahrung, unsere Welt ist mitunter kompliziert. Es fällt uns schwer, die Wege Gottes in dieser Welt zu verstehen. Das betrifft besonders auch auf unsere eigenen ganz persönlichen Wege zu. Wir vermögen es am Ende nur wenig, die Wirklichkeit Gottes zu erahnen. Diese Erfahrungen, Gedanken und Gefühle rütteln jedoch nicht an der Zusage Gottes, sein Segen gilt für uns ewig. Genauso wenig vermag das Leid dieser Welt, diese Zusage außer Kraft zu setzen, selbst der Tod kann den Segen Gottes nicht begrenzen oder einschränken. Diese Unerschütterlichkeit des Segens Gottes ist auch für den originalen Paulus eine Grundeigenschaft Gottes, die durch nichts auch rein weg gar nichts aufgeweicht werden könnte. So heißt es im Paulusbrief an die Römer (8, 39f) „Denn ich bin gewiss, dass weder Tod noch Leben, weder Engel noch Mächte noch Gewalten, weder Gegenwärtiges noch Zukünftiges, weder Hohes noch Tiefes noch eine andere Kreatur uns scheiden kann von der Liebe Gottes, die in Christus Jesus ist, unserm Herrn.“

Der Segen Gottes ist durch alle Zeiten hindurch für uns Menschen da und wird von Gott geradezu für uns zum Heil angeboten. Diese verheißungsvolle Zusage Gottes vermittelt einen großen Trost in den Stürmen und Unsicherheiten unseres Lebens. Das Schöpfungswirken Gottes war nach sieben Tagen noch nicht zu Ende, obwohl der biblische Bericht das Schöpfungsgeschehen Gottes mit einer Woche festhält. Gott wirkt weiterhin in seiner Schöpfung, um sie zu seiner eigentlichen Bestimmung des Friedens, der Gerechtigkeit und der Bewahrung der Schöpfung zu führen. Dieses Handeln Gottes gilt in erster Linie uns

Menschen, um uns zum Ebenbild Gottes werden zu lassen. Wer einmal durch die Taufe ein Kind Gottes geworden ist, kann diesen Segen immer wieder für sich beanspruchen, ganz gleich welche Biographie er hatte, ganz gleich, was ihn auch von Gott zeitweise getrennt hatte.

2. Gottes Segen empfangen wir durch die Vergebung in Jesus Christus.

Die Schöpfung Gottes bringt Gutes hervor. So hält es auch der Schöpfungsbericht am Anfang der Bibel fest. Jedoch machen wir die Erfahrung, dass es auch vieles gibt, das uns von Gott trennt, das Unvollkommen ist. Warum das so ist - bleibt eine offene Frage. Schon die biblischen Erzähler halten diesen Tatbestand einfach fest, ohne ihn zu begründen. In dem wunderbaren Paradies gibt es eine Schlange, die den Menschen verführen kann. Das Böse ist in der Schöpfung scheinbar mit inbegriffen. Gott lässt das Böse jedoch nicht einfach walten, sondern setzt seinen Heilsplan für die Menschen dem entgegen. Mitunter lässt er auch das Böse zu, um sein Volk zu retten, wenn wir beispielsweise an die Josephserzählung denken. Die Familie Jakobs hätte wahrscheinlich die Hungersnot nicht überlebt, wenn sie nicht inzwischen einen familiären Spitzenbeamten im ägyptischen Reiche gehabt hätten. Der biblische Erzähler fasst am Ende die Geschichte mit den Worten des Joseph folgendermaßen zusammen (1. Mose 50, 20): „Ihr gedachtet es böse mit mir zu machen, aber Gott gedachte es gut zu machen, um zu tun, was jetzt am Tage ist, nämlich am Leben zu erhalten ein großes Volk." Zu fragen, was das Böse in der Bibel für eine Aufgabe hat, wäre im Zusammenhang mit der diesjährigen Jahreslosung eine eigene Predigt wert.

Schuld vor Menschen und vor Gott bedeutet erst einmal eine Entfernung von Gott. Aber diese Entfernung ist aus der Sicht Gottes immer überwindbar. Das Böse hat keine Macht, jemand ewig von Gott fernzuhalten, wenn dieser zu Gott zurück will, wenn dieser um Vergebung bittet.

Schuldhaftes Handeln erfordert als Ausgleich versöhnendes Handeln. Jede Handlung eines Menschen bewirkt bei seinem Gegenüber eine Antwort auf dessen Handeln. Auch wenn jemand eine Handlung ignoriert, so ist es dennoch eine Antwort. Gott machte bei dem schuldhaften Handeln des Menschen die Erfahrung, dass der Mensch aus eigener Kraft zu dem versöhnenden Handeln als Ausgleich nur bedingt oder überhaupt nicht in der Lage war. Deshalb hat er Jesus Christus zu uns Menschen gesandt. In seinem Wirken, seinem Tod und in seiner Auferstehung liegt das großartige Angebot der Versöhnung Gottes. Wir sind als Menschen infolge unserer Schuld nicht mehr gezwungen, selbst die versöhnende Handlung zu erbringen. Jesus Christus hat es für uns Menschen am Kreuz getan. Wir können uns als Christen auf unseren Fürsprecher Jesus Christus berufen. Wer an ihn glaubt, dem gilt die Verheißung und der Segen Gottes, dass alle Schuld vergebbar ist.

Wer einmal erleben konnte, wie er von der Lebenslast von Schuld befreit wurde, weiß wie wichtig es ist, Schuld und Versagen aufzuarbeiten. Es geht bei Schuld oft nicht vordergründig um die Schuld, die man vorsätzlich verursacht hat, sondern das viel kompliziertere Problem ist die unbewusste, die unbeabsichtigte Schuld, die wir als Menschen hervorrufen. Die Vergebung in Jesus Christus macht uns Menschen zu wirklich freien Menschen. Dann können wir befreit von aller Last wieder ganz neu auf unsere Mitmenschen zu gehen. Indem wir Versöhnung leben, geben wir den Segen Gottes an unsere Mitmenschen weiter und werden somit zum Segen für andere.

3. Gottes Segen macht uns durch den Heiligen Geist zu Erben Gottes.

Der Geist der Vergebung wird uns durch den Heiligen Geist vermittelt. Der Heilige Geist ist Gottes guter Geist für uns Menschen. Damit seine Schöpfung die wahre Vollendung finden kann, schickt Gott uns seinen Heiligen Geist. Diesen Heiligen Geist schenkt uns Gott in der Taufe, in der wir zu Kindern Gottes werden. Er wirkt in Menschen, die versuchen den Glauben an Gott in angemessener Weise zu leben, die den Segen Gottes immer wieder neu beanspruchen und um diesen Segen ringen.

Der Heilige Geist heiligt uns Menschen, indem er uns ermutigt, Vergebung von unserem barmherzigen Gott zu erbitten. Indem Gott uns vergibt, vollendet er in uns seine Schöpfung und macht uns zu Erben seiner neuen Herrlichkeit. Es kommt in einem Glaubensleben nicht in erster Linie darauf an, alles perfekt zu machen. Für uns ist es wichtiger, die Vergebung Gottes für uns als Lebensgrundlage anzunehmen. Diese Entscheidung führt uns weiter als alle anderen Lebenswege, die sonst so auf unserem Erdball möglich sind oder angeboten werden.

In den fundamentalen Wirkweisen als Schöpfer, als Erlöser in Jesus Christus und als Vollender im Heiligen Geist begegnet uns Gott. Alle Glaubens- und Gotteserfahrung lässt sich am Ende diesen Wirkweisen Gottes zuordnen. Durch diese Wirkweisen bietet Gott dem Menschen einen Lebensweg, einen Lebenssinn an, auf dem er seine eigentliche Bestimmung zum Guten finden kann. Der Segen Gottes will uns auf unserem Glaubens- und Lebensweg begleiten. Deshalb wird dieser Segen Gottes auch nach der Taufe immer wieder erneuert, am Ende eines jeden Gottesdienstes durch den Segen, aber auch zu speziellen Anlässen. Diese Wiederholung des Segens Gottes in unserem Leben unterstreicht den Willen Gottes, uns als seine Erben einzusetzen, uns zu freien Menschen zu machen und uns in seiner neuen Herrlichkeit in Frieden zu vollenden. Somit beschreibt unser heutiger Predigttext, den Weg Gottes mit uns Menschen als einen Weg, der vom Himmel zur Erde führt, aber am Ende auch wieder zurück. Möge der Segen Gottes unsere Glaubenshoffnung darin immer wieder neu bestärken und mit neuen Lebensimpulsen bereichern.

Und der Friede Gottes, der höher ist als alle Vernunft, bewahre eure Herzen und Sinne in Jesus Christus! (Philipper 4, 7)

Heilige Orte

Predigt zum letzten Sonntag nach Epiphanias

Leipzig-Connewitz und Leipzig-Lößnig, am 13. Februar 2011

Die Gnade unseres Herrn Jesus Christus und die Liebe Gottes und die Gemeinschaft des Heiligen Geistes sei mit euch allen! (2. Korinther 13, 13)

Stilles Gebet

Predigttext: 2. Mose 3, 1-10

Mose aber hütete die Schafe Jitros, seines Schwiegervaters, des Priesters in Midian, und trieb die Schafe über die Steppe hinaus und kam an den Berg Gottes, den Horeb.

Und der Engel des HERRN erschien ihm in einer feurigen Flamme aus dem Dornbusch. Und er sah, dass der Busch im Feuer brannte und doch nicht verzehrt wurde.

Da sprach er: Ich will hingehen und die wundersame Erscheinung besehen, warum der Busch nicht verbrennt.

Als aber der HERR sah, dass er hinging, um zu sehen, rief Gott ihn aus dem Busch und sprach: Mose, Mose! Er antwortete: Hier bin ich.

Gott sprach: Tritt nicht herzu, zieh deine Schuhe von deinen Füßen; denn der Ort, darauf du stehst, ist heiliges Land! Und er sprach weiter: Ich bin der Gott deines Vaters, der Gott Abrahams, der Gott Isaaks und der Gott Jakobs. Und Mose verhüllte sein Angesicht; denn er fürchtete sich, Gott anzuschauen.

Und der HERR sprach: Ich habe das Elend meines Volks in Ägypten gesehen und ihr Geschrei über ihre Bedränger gehört; ich habe ihre Leiden erkannt. Und ich bin herniedergefahren, dass ich sie errette aus der Ägypter Hand und sie herausführe aus diesem Lande in ein gutes und weites Land, in ein Land, darin Milch und Honig fließt, in das Gebiet der Kanaaniter, Hetiter, Amoriter, Perisiter, Hiwiter und Jebusiter. Weil denn nun das Geschrei der Israeliten vor mich

gekommen ist und ich dazu ihre Not gesehen habe, wie die Ägypter sie bedrängen, so geh nun hin, ich will dich zum Pharao senden, damit du mein Volk, die Israeliten, aus Ägypten führst.
Der Herr segne an uns sein Wort!

Liebe Gemeinde,
kennen Sie heilige Orte? Sie denken jetzt vielleicht an die geschichtsträchtigen Weltstädte wie Jerusalem und Rom. Aber ich meine in ihrem persönlichen Leben. Kennen Sie heilige Orte in ihrem persönlichen Leben?

Die Frage scheint im ersten Moment vielleicht etwas übertrieben, wenn wir unsere Lebensorte mit andern geschichtsträchtigen Orten vergleichen. Und dennoch haben auch wir heilige Orte, die wir vielleicht nicht so benennen würden, aber an denen wir uns genauso wie Mose verhalten würden und tatsächlich oder im übertragenen Sinne unsere Schuhe ausziehen würden.

Das fängt schon in der Wohnung an. In den einzelnen Familien ist es unterschiedlich geregelt, in welchen Bereichen keine Straßenschuhe angezogen werden. Natürlich spielen da auch hygienische Gesichtspunkte eine Rolle. Es gibt eben aber Bereiche in der Wohnung, die wie das Allerheiligste sind, wo man nicht jeden hinlässt. Dazu gehört oft der Schreibtisch oder das Schlafzimmer bzw. wo man auch als Gast nicht ohne Weiteres hingehen würde. Diese Orte beinhalten besondere Geheimnisse und Erlebnisse, die wir keinesfalls jeden offenbaren wollen. Wem jedoch dazu der Zugang gewährt wird, erlebt es als Wertschätzung und als Vertrauensvorschuss.

Wenn wir an die Stätten unserer Kindheit zurückkehren, lassen uns diese Stätten nicht kalt. Da ist die alte Wohnung, die Schule oder die Wiese, wo man Fußball gespielt hat oder den ersten Kuss erlebt hat. An diesen Stätten laufen auf einmal die alten Erinnerungen, wie Filme vor dem inneren Auge ab. Alte Gefühle kommen wieder hoch; vielleicht auch mancher Traum von einst, den wir damals geträumt hatten, wie wir uns unsere Zukunft wünschen und vorstellen würden. Was ist inzwischen daraus geworden? Kein anderer Ort dieser Welt könnte so unmittelbar diese Lebensgefühle wachrufen.

Kirchen spielen als heilige Erlebnisorte ebenfalls eine wichtige Rolle. An unsere Taufe können wir uns in der Regel nicht erinnern, aber die Konfirmation oder die Trauung bleiben doch fürs Leben im Gedächtnis. Es bleiben für etliche Menschen wichtige Punkte auf dem Lebensweg, an denen sie gern zurückkehren und sich wieder einsegnen lassen. Alte Versprechen gewinnen dadurch eine neue Aktualität.

Auch innerhalb des Kirchengebäudes gewinnt der Altarplatz eine besondere Bedeutung. Rein bautechnisch unterscheidet er sich nur unwesentlich von anderen Orten in der Kirche. Jedoch erleben dort Menschen ihre Einsegnung oder feiern das Heilige Abendmahl. In diesem Moment erinnern sie sich der Barmherzigkeit Gottes, die stärker ist als alle Schuld. Die Segensworte eröffnen eine neue hoffnungsvolle Zukunft unter dem Schutz Gottes.

Aber es gibt auch tragische Orte unseres Lebens, an die wir zurückkehren, um unsere Lebensschicksal zu bedenken, um ein Stück unserer Lebensgeschichte aufzuarbeiten. In meiner alten Gemeinde kehrte ein Mann nach 60 Jahren wieder zurück, um die Friedenskirche zu besichtigen. 60 Jahre hatte er sie nicht gesehen. 60 Jahre zuvor fand in dieser Kirche ein Gottesdienst für junge Soldaten statt, die erstmals an die Front sollten. An diesem Gottesdienst hatte er teilgenommen. Danach kam Krieg, Chaos, Enttäuschung und Verzweiflung und dann wohl auch ein im gewissen Sinne normales Leben. Nun erfolgte seine Rückkehr zu der alten Stätte des Erlebens, um nach dem Sinn des Geschehens von damals zu fragen.

Wir kennen die Orte, an denen liebe Menschen von uns starben. Auf dem Friedhof haben wir einen guten Ort der Trauer. Dort kann man hingehen, seine Erinnerungen wachrufen, sie aber auch ein Stück dort lassen, um eine neue hoffnungsvolle Zukunft für sein Leben zu gewinnen.

Die Orte unseres Lebens lassen sich zwar auch mit Längen- und Breitengraden exakt beschreiben, aber das interessiert niemand. Viel wichtiger sind die Erlebnisse, die wir mit bestimmten Orten verbinden. Manche Erlebnisse prägen uns so, dass diese Orte für uns heilige Orte werden. Geradezu Schlüsselerlebnisse machen gewöhnliche Orte eben auch zu heiligen Orten.

Wenn wir jemandem etwas Wichtiges oder gar auch sehr Persönliches erzählen wollen, dann laden wir ihn nicht in die Bahnhofshalle ein, da passen wir auf, dass nicht jedermann zuhört. Da suchen wir uns ein ruhiges Fleckchen Erde, an dem wir ungestört miteinander reden können. Wenn es ein gelungenes Gespräch wird, das eine gute Zukunft aufzeigt, dann werden wir uns an diesen Ort gern zurückerinnern.

Auch Gott hat Mose nicht mitten beim Lärm der Arbeit seine Botschaft vermittelt, sondern ihn durch ein besonderes Ereignis eben zu dem brennenden Dornbusch gelockt. Dort erhält Mose seinen wichtigen Auftrag, der in der Befreiung der Israeliten mündet. Das ist keinesfalls eine einfache Geschichte. Diese Geschichte kennt viele Höhepunkte, aber auch viele Tiefpunkte. Manchmal gewinnt man sogar den Eindruck, als würden die Verheißungen Gottes kaum noch eine Chance haben. Dennoch geht es weiter. Dieses Volk Israel merkt sich jedoch die Orte, an denen es in besonderer Weise Gott begegnet. Dazu wird später insbesondere der Berg Sinai zählen.

Auch wir machen unsere Erfahrungen mit Gott an bestimmten Orten. Da durften wir Behütung und Bewahrung erleben. Wir verbinden eine bestimmte Lebensentscheidung mit der Stimme Gottes. Der eine beschreibt es als ein warmes Gefühl, das ihm überkommen ist und ihm eine interessante Perspektive eröffnet hat. Andere sprechen von einer inneren Stimme, die ihnen den Weg in die Zukunft gewiesen hat. Andere wieder erleben es als Erleuchtung verbunden mit einem Licht, das ihnen eine wichtige Erkenntnis ermöglicht. Andere erleben durch die Liebe eines Menschen die Nähe Gottes. Manche verbinden solche Erfahrungen mit der Vorstellung eines Engels. Menschen nehmen die Nähe Gottes unterschiedlich wahr. Ganz gleich, wie Menschen ihre Gotteserlebnisse beschreiben, sie werden am Ende ihr Leben verändern. Unsere Glaubenserlebnisse haben Orte. Es brennt dabei nicht immer ein Dornbusch, aber trotzdem ist uns Gott nahe hier auf Erden in unserem Leben.

Man könnte meinen, dass eine Botschaft Gottes einen guten Verlauf der Dinge garantiert. Da berichtet die Bibel – nüchtern wie sie ist – anderes. Auch wir machen die Erfahrung, dass solche Erlebnisse auch viele Unwegbarkeiten mit sich bringen. Es läuft keinesfalls alles glatt. Manchmal erfüllen sich auch unsere Hoffnungen nicht, die wir aus unserem Glauben für unser konkretes Leben gewonnen haben. Schließlich konnte auch Mose das heilige Land am Ende nicht erreichen.

Dennoch war das Leben von Mose keinesfalls sinnlos, im Gegenteil, Moses Handeln prägte die Geschichte Israels kaum wie ein zweiter. Er erlebte mit Gott sehr viel und versuchte diese Erfahrungen seinem Volk zu vermitteln. Er rang immer wieder um diese Verheißung Gottes, die er am Dornbusch erfahren hatte. Die Gegenwart Gottes war ihm keinesfalls zur Selbstverständlichkeit geworden, nur weil er einen brennenden Dornbusch gesehen hatte. Er erfuhr die Nähe und Ferne Gottes, er erlebte Höhen und Tiefen seines Volkes mit, trotzdem wurde sein Leben von dem Segen Gottes durchzogen.

Erlebnisse an heiligen Orten kann man nicht pachten und in eine Kiste sperren und sie für ewig konservieren. Im Laufe seines Lebens schaut man unterschiedlich auf solche Erlebnisse zurück. Manchmal stimmen sie mit dem derzeitigen Leben überein und man kann sie gut erzählen; aber zu anderen Zeiten sind sie einem auch fremd geworden, weil man deren Sinn nicht mehr erkennen kann. Dennoch können sie nach einer Phase der Entfremdung ebenso wieder zu neuer Kraft erstehen. Unser Lebenssinn will eher durchlebt, als intellektuell erfasst werden. Das bedeutet eben auch, dass unser Lebensweg verschiedene Kurven nimmt, Höhen erklimmt, aber auch Tiefen durchwandern muss. Ein solcher

Weg sagt nicht automatisch etwas über die Nähe und Ferne Gottes aus, weil die Zusagen Gottes an seine Kinder für alle Lebensabschnitte gelten.

Es bleibt für uns eine Herausforderung, unsere Glaubens- und Gotteserlebnisse für unser Leben wach zu halten und auch andere daran Anteil nehmen zu lassen. Das jüdische Volk hat seine Geschichten immer wieder erzählt, um Glauben zu bilden. Es ist für die nachfolgenden Generationen wichtig, eben von den Altvorderen zu hören, wie sie Gott erlebt haben. Daraus können Sie einen Blickwinkel gewinnen, der ihnen hilft, die Nähe Gottes wahrzunehmen. Gotteserlebnisse können wir uns nur bewahren, wenn wir immer wieder neu um die Wirklichkeit Gottes ringen und darüber miteinander im Gespräch bleiben. Dabei können uns heilige Orte unserer Lebensbiografie eine Hilfe sein.

Und der Friede Gottes, der höher ist als alle Vernunft, bewahre eure Herzen und Sinne in Jesus Christus! (Philipper 4, 7)

Eine Einladung, auf Macht zur verzichten

Predigt zum Sonntag Invokavit

Leipzig-Gohlis, am 9. März 2003

Gnade sei mit euch und Friede von Gott, unserm Vater, und dem Herrn Jesus Christus! (Römer 1, 7)

Stilles Gebet

Predigttext: Matthäus 4, 1-11 = Evangeliumslesung

Da wurde Jesus vom Geist in die Wüste geführt, damit er von dem Teufel versucht würde. Und da er vierzig Tage und vierzig Nächte gefastet hatte, hungerte ihn. Und der Versucher trat zu ihm und sprach: Bist du Gottes Sohn, so sprich, dass diese Steine Brot werden.

Er aber antwortete und sprach: Es steht geschrieben (5. Mose 8,3): »Der Mensch lebt nicht vom Brot allein, sondern von einem jeden Wort, das aus dem Mund Gottes geht.«

Da führte ihn der Teufel mit sich in die heilige Stadt und stellte ihn auf die Zinne des Tempels und sprach zu ihm: Bist du Gottes Sohn, so wirf dich hinab; denn es steht geschrieben (Psalm 91,11-12): »Er wird seinen Engeln deinetwegen Befehl geben; und sie werden dich auf den Händen tragen, damit du deinen Fuß nicht an einen Stein stößt.«

Da sprach Jesus zu ihm: Wiederum steht auch geschrieben (5. Mose 6,16): »Du sollst den Herrn, deinen Gott, nicht versuchen.«

Darauf führte ihn der Teufel mit sich auf einen sehr hohen Berg und zeigte ihm alle Reiche der Welt und ihre Herrlichkeit und sprach zu ihm: Das alles will ich dir geben, wenn du niederfällst und mich anbetest.

Da sprach Jesus zu ihm: Weg mit dir, Satan! Denn es steht geschrieben (5. Mose 6,13): »Du sollst anbeten den Herrn, deinen Gott, und ihm allein dienen.«

Da verließ ihn der Teufel. Und siehe, da traten Engel zu ihm und dienten ihm. Der Herr segne an uns sein Wort!

Liebe Gemeinde!

Wie würden Sie auf die Fragen des Teufels antworten? Natürlich würden Sie und ich der Versuchung widerstehen, da wir die Geschichte kennen. Aber vergessen wir doch einfach einmal, dass es der Teufel ist, der die Fragen stellt.

Wir kennen die Hungersnöte dieser Welt. Wie kennen auch die Nöte der Menschen hier in unserem Land. Wie oft haben wir schon gebetet, dass alle Menschen satt werden sollen. Wie oft haben wir Gott schon das Leid der Menschen geklagt. Nun bietet sich die einmalige Gelegenheit an, diese Probleme zu lösen. Harte Steine gibt es in dieser Welt genug und harte Herzen ebenso. Da kommt nun jemand und kann uns glaubhaft machen, er kann Abhilfe schaffen. Die harten Steine werden zu Brot. Die gelinderte Not schafft in den Menschen weiche Herzen. Es bleibt einem schwer vorstellbar, wie dies alles geschehen soll. Aber ist es dennoch nicht ein Versuch wert? So eine Gelegenheit auszulassen, dass kann man doch nicht machen. Wenn es schief geht, bleibt die Welt so, wie sie ist. Also kann man bei so einem Experiment nichts verlieren. Oder doch?

Zu warten, bis sich das Gute durchsetzt und bis alle Gebete erhört sind, erfordert viel Ausdauer. Deshalb ist die Versuchung groß, dem Guten ein wenig mit Gewalt nachzuhelfen. Nur dieses eine Mal soll ein gewaltsames Wunder dem Guten auf die Sprünge helfen und dann wird alles gut. Dann braucht das Gute die Gewalt nicht mehr.

Ich weiß nicht, wer Ihnen so einfällt, wer solche Gedanken vertreten hat oder vertritt. Mir fällt es schwer Namen zu nennen, nicht, weil ich keine wüsste, sondern weil ich ehrbare Persönlichkeiten neben Diktatoren stellen müsste. Das Gewaltrecht des Guten hat schon immer Fromme und Unfromme, Linke und Rechte begeistert. Schließlich ist die Sehnsucht, dass der Mensch gut werde, dass die Verhältnisse gut werden, in denen Menschen leben, sehr tief in uns

Menschen verankert. Da entfaltet sich schnell eine einfache Logik, um sein Gewissen wegen der Gewalt zu beruhigen. Nur eine kleine Zwischenetappe des Kampfes wird es geben, aber dann kommt das lang ersehnte Paradies für alle. Dann gibt es Brot für alle, dann gibt es für alle alle lebensnotwendigen Dinge, dann gibt es das Gute für alle.

Das Paradies kam bis jetzt noch nicht trotz vielversprechender prophetischer Worte und verheißungsvoller politischer Reden. Für die Menschen war es am besten, wenn man Gott am Ende das Gewaltrecht für das Gute beließ. Dann versuchten Menschen Wege der Barmherzigkeit und des Friedens zu gehen. Wenn sich Menschen dieses Gewaltrecht des Guten anmaßten, endete es für viele Unschuldige in einer Katastrophe. Schließlich gingen die Anschauungen dann doch sehr weit auseinander, worin eigentlich das Gute besteht.

Die Geschichte von der Versuchung Jesu ist eine Geschichte von der Allmacht Gottes. Es ist eine Geschichte, die im ersten Moment für uns sehr enttäuschend ist. Gott bzw. Jesus Christus setzt seine Allmacht nicht ein, um all unsere äußeren und inneren Sorgen zu lösen. Wir stellen immer noch verzweifelt die Fragen: Warum müssen in dieser Welt so viele Menschen verhungern, wenn es doch einen guten Gott gibt? Warum gibt es immer noch Kriege, wenn es doch einen barmherzigen Gott gibt? Warum muss ich jung an einer schweren Krankheit sterben, wenn mir doch der Segen Gottes verheißen ist? Warum? Warum? Warum? Was würden wir nicht alles dafür hergeben, um diese Fragen nicht stellen zu müssen.

Jesus antwortet auf das Angebot, aus Steinen Brot zu machen, mit einem Bibelwort aus dem Alten Testament (5. Mose 8, 3): „Der Mensch lebt nicht vom Brot allein, sondern von einem jeden Wort, das aus dem Munde Gottes geht." Im ersten Moment ist darauf schnell gekontert, wie ein Hungriger vom Wort Gottes satt werden soll. Aber diese Bibelzitat greift ein Mann auf, der sich vom Wort Gottes leiten ließ, der seinen Leidensweg angenommen hat.

Jesus hat die konkreten Nöten seiner Mitmenschen nie mit frommen Worten heruntergespielt, sondern ihre Ängste und Sorgen ernst genommen. So verlangt die Warum-Frage nicht in erster Linie eine vernünftige und rationale Antwort, sondern das Ernstnehmen der konkreten Leidenssituation. Aber Jesus ist nicht dabei stehen geblieben, sondern hat mit dem helfenden Wort Gottes Menschen einen neuen Weg eröffnet, ganz konkret durch die Heilung ihrer Gebrechen, aber eigentlich vielmehr im Glauben. Das Wort Gottes ließ Menschen neue Schwerpunkte in ihrem Leben setzen, sodass sie etwas von der Barmherzigkeit und dem Frieden Gottes für ihr ganz persönliches Leben aufgriffen. Das Leid war dann zwar immer noch da, aber durch das Wort Gottes gab es eine starke Hoffnung, die das Leben lebenswerter macht. Damit beginnt auch ein Heilungsprozess.

Die Versuchungsgeschichte Jesu berichtet Matthäus gleich nach der Taufe Jesu. Jesus verzichtet auf die Allmacht Gottes und sein Leidensweg endet am Kreuz in der Ohnmacht des allmächtigen Gottes. An der Spannung zwischen der Allmacht und der Ohnmacht Gottes sind schon die Jünger verzweifelt. Petrus versucht seinen Meister mit dem Schwert zu befreien. Es war falsch, er wird von Jesus persönlich verwarnt. Verzweifelt ziehen sich die Jünger am Ende zurück. Erst mühevoll begreifen sie, dass diese Ohnmacht, keine Ohnmacht der Schwäche ist, sondern eine selbst gewählte Ohnmacht, damit den Menschen ihre Entscheidungsfreiheit zwischen Gut und Böse erhalten bleibt. Schließlich ist es kein Geheimnis, dass ein Mensch der sich freiwillig für das Gute entscheidet, dieses ganz anders verteidigen wird, als ein Mensch, der dazu aus welchen Gründen auch immer gezwungen wurde.

Wenn Jesus seine Macht genutzt hätte, um aus seinem Leidensweg auszusteigen oder wenn seine Jünger ihn befreit hätten und er irgendwann einmal gestorben wäre, wäre er für uns heute bestenfalls ein interessanter jüdischer Lehrer. In der Ohnmacht am Kreuz eine Stärke Gottes zu entdecken, die stärker ist als der

Tod, ließ die Glaubenden darauf vertrauen, dass Gott mit ihnen einen guten Weg vorhat. Dieser Gott schwebt nicht irgendwo im Himmel, sondern nimmt das Leiden hier auf Erden ernst. Er wird die Menschen nicht mit seiner Allmacht erdrücken, sondern mit seiner Liebe zu einem neuen Leben befreien. Diese Glaubenshoffnung hat damals wie heute Christen stark gemacht, gegen weltliche Allmachtsansprüche aufzutreten.

Dass Jesus in der Versuchungsgeschichte auf die Wundermacht Gottes verzichtet, bedeutet nicht, dass er sich alles gefallen lässt oder die Dinge des Lebens ebenso laufen lässt, wie sie geradeso laufen. Schließlich schickt er am Ende der Geschichte den Teufel mit deutlichen Worten fort. Jesus schmeißt an anderer Stelle die Geldwechsler aus dem Tempel. Aber von diesem Machteinsatz erwartet Jesus nicht, dass der Teufel auf einmal fromm wird oder die Geldwechsler zu Kirchgängern werden. Aber diese Macht scheint nötig, damit der Glaube nicht verfremdet wird und äußere Freiräume hat, sich in guter Weise zu entwickeln.

Wenn es jedoch um die innere Entwicklung des Glaubens geht, bietet Jesus nur das vergebende und barmherzige Wort Gottes an. Wer dieses Wort annimmt, wird der Versuchung nicht erliegen, mit Gewalt Gottes Reich auf Erden zu erzwingen, sondern er wird mit friedlichen, aber auch deutlichen Mitteln zwischen Menschen und Völkern Frieden stiften. Das Gute wird nur von Dauer sein, wenn es auch mit guten Mitteln durchgesetzt wird. Ohne ein freiwilliges inneres Bekenntnis wird es am Ende keinen festen Glauben geben, der bereit ist, sich für Frieden, Gerechtigkeit und Bewahrung der Schöpfung in dieser Welt und bei seinen Mitmenschen einzusetzen.

Auch wenn die Versuchungsgeschichte Jesu unbefriedigend ist, weil sie nicht die schnelle Antwort auf die Probleme dieser Welt bietet, so eröffnet sie dennoch einen Weg. Es ist ein langer Weg mit viel Entbehrung, mit Rückschlägen und Niederlagen. Aber es ist der einzige Weg, der zu einem wahrhaftigen Frieden führt. Jesus Christus ist dieses Weg vorausgegangen und hat uns versprochen, uns auf diesem Weg mit seinem Segen zu begleiten.

Die Ohnmacht Gottes bedeutet nicht in erster Linie, sich alles gefallen zu lassen und die anderen gewähren zu lassen. Die Ohnmacht Gottes ist vielmehr eine Einladung, auf Macht zu verzichten. Für die betroffenen Menschen ist es ziemlich gleich, ob jemand seine Macht missbraucht, weil er vorgibt, für das Gute zu sein, oder weil er seinen eigenen Vorteil sucht. Machtmissbrauch geschieht in der großen Politik, aber genauso in Beruf und Familie. Dort, wo Machtmissbrauch zurückgedrängt wird, dort kann sich auch die freie Entwicklung des Menschen entfalten. Dort fällt es leichter, Gutes zu tun und segensreich für die Mitmenschen zu wirken.

Wir kennen die Geschichte der Versuchung Jesu und meinen zu wissen, wie wir uns verhalten würden. Aber bei den Versuchungen unseres Lebens steht nicht von vornherein ein großes Schild aufgestellt, dass uns auf eine Versuchung hinweist. Versuchungen beginnen mit augenscheinlich guten Argumenten, die man problemlos teilt. Es gehört ein gutes Stück Glaubens- und Lebenserfahrung dazu, in den Versuchungen des Lebens einen klaren Blick auf Jesus Christus zu behalten. Nicht umsonst heißt es im Vater unser „führe uns nicht in Versuchung". Wobei diese Bitte noch einen neuen Gedanken aufwirft, dass auch Gott selbst uns versucht. Darauf gehe ich ein anderes Mal ein.

Vielmehr will ich noch zum Schluss darauf verweisen, dass Matthäus nicht zufällig die Versuchungsgeschichte nach der Taufe Jesu erzählt. Damit unterstreicht er eine Wirkung der Taufe. In der Taufe schenkt uns Gott seinen Segen, der uns zu einem Kind Gottes macht. Gott begleitet uns mit diesem Segen auch in den Versuchungen unseres Lebens. Selbst wenn wir diesen Versuchungen erliegen, so können wir uns immer wieder an unseren Vater im Himmel wenden. Sein Segen wird stärker sein als die Mächte dieser Welt und uns durchs Leben führen und selbst einmal durch den Tod hindurch zu seiner Herrlichkeit. Darauf dürfen wir als Getaufte vertrauen und darauf unser Leben wagen.

Und der Friede Gottes, der höher ist als alle Vernunft, bewahre eure Herzen und Sinne in Jesus Christus! (Philipper 4, 7)

Der Geist macht lebendig

Predigt zum Sonntag Lätare

Leipzig-Lößnig und Leipzig-Connewitz, am 3. April 2011

Gnade sei mit euch und Friede von dem, der da ist und der da war und der da kommt! (Offenbarung 1, 4)

Stilles Gebet

Predigttext: Johannes 6, 55-65 hören wir dann innerhalb der Predigt.

Der Herr segne an uns sein Wort.

Liebe Gemeinde,

die Bibel bevorzugt eine bildhafte Sprache. Wer sich intensiver mit der Bibel beschäftigt, dem ist diese Aussage keine Neuigkeit. Bilder bedürfen der Interpretation. Das ist auch das Schöne an Bildern, dass sie mit unterschiedlichen Akzenten ausgelegt werden können. Jeder vermag in der Regel in einem Bild seinen Platz zu entdecken und dieses Bild für sich entsprechend zu entfalten. Infolgedessen vermögen Bilder auch die Zeiten zu überstehen, weil sie eben den Zeiten angepasst werden können, ohne sich in einer bestimmten Zeit aufzulösen. Um Bilder wird immer wieder neu gerungen, was sie für unser Leben bedeuten können. Bilder sind keine für alle Zeiten fest gelegten Wahrheiten, sie entwickeln ihre Wahrheit immer wieder neu im Vollzug des Lebens und Glaubens.

Bei einer bildhaften Sprache verbietet sich eine wortwörtliche Auslegung von selbst, weil sie nur in der Form des Textes stecken bleibt, aber den geistigen oder gar geistlichen Gehalt nicht erschließt. Es gibt nach wie vor Christen, die eine wortwörtliche Auslegung der Bibel als die wahrhaftige Auslegung gegen alle wissenschaftliche oder persönliche Interpretation verteidigen. Interessanterweise benutzen gerade auch die Bibelkritiker diese wortwörtliche Methode, um dann zu sagen, in der Bibel steht nur Quatsch oder das biblische Wort verdummt die Menschen.

Natürlich ist eine Interpretation nicht automatisch eine gelungene Interpretation. Der Eine wird sich mit einer Interpretation anfreunden, weil sie seinem Lebens- und Glaubenserfahrungen entspricht. Ein Anderer wird diese gerade wegen seiner Lebens- und Glaubenserfahrungen ablehnen. Diese Spannung kann zu einem interessanten Dialog führen, der alle Beteiligten ein tieferes Verständnis von der biblischen Wahrheit schenkt.

Auf dem Feld der Interpretation ist Vieles möglich, aber nicht alles. Es gibt schon ein paar Spielregeln, die einzuhalten sind. Die Vielfalt von Meinungen zu einem biblischen Wort bedeutet noch lange nicht, dass das biblische Wort beliebig auslegbar wäre. Für die protestantische Bibelauslegung spielt es eine große Rolle, biblische Worte mit ähnlichen biblischen Texten ins Gespräch zu bringen. Für Luther war es wichtig, in der biblischen Botschaft dasjenige herauszustellen, das Christum treibt, wie er sagt.[4] Das bedeutet, den barmherzigen Gott in den biblischen Texten zu entdecken.

Entschuldigen Sie bitte meine lange Vorrede mit theoretischen Überlegungen zur Bibelauslegung. Sie werden gleich verstehen, warum ich dies für nötig hielt, wenn Sie den ersten Teil des heutigen Predigttextes hören.

„Jesus sprach zu den Juden: Mein Fleisch ist die wahre Speise, und mein Blut ist der wahre Trank. Wer mein Fleisch isst und mein Blut trinkt, der bleibt in mir und ich in ihm. Wie mich der lebendige Vater gesandt hat und ich lebe um des Vaters willen, so wird auch, wer mich isst, leben um meinetwillen. Dies ist das Brot, das vom Himmel gekommen ist. Es ist nicht wie bei den Vätern, die gegessen haben und gestorben sind. Wer dies Brot isst, der wird leben in Ewigkeit. Das sagte er in der Synagoge, als er in Kapernaum lehrte."

[4] Luther, Martin: Vorrede auf die Epsiteln S. Jakobi und Juda. (1522) In: Luther, Martin: Studienausgabe. Berlin 1979, 390, 4f „Auch ist das der rechte prufesteyn alle bucher zu taddelln [beurteilen] wen[n] man sihet ob sie Christu[m] treyben odder nit" = D. Martin Luthers Werke: kritische Gesamtausgabe. Die Deutsche Bibel. Weimar = WA DB 7, 384, 26f.

Wie sollen wir diese Worte verstehen? Es sind harte Worte. Sie erschließen sich uns nicht sofort. Vor allem auf der wortwörtlichen Ebene stoßen sie ab. Wer will schon zu den Kannibalen gehören? Gerade diese wortwörtliche Vorstellung, dass die Christen den realen Leib von Jesus essen und sein reales Blut trinken, hat ihnen schon in der Antike die falsche Unterstellung des Kannibalismus eingebracht.

Ich kenne auch Christen, die mit der Vorstellung Mühe haben, dass im Abendmahl der Leib und das Blut Christi gereicht werden. Ihnen fällt es schwer, sich von der gegenständlichen Sprache zu lösen. Im Fortgang der Auseinandersetzung mit dem Bibeltext wird vor allem eine andere Dimension wichtig.

Selbst die Jünger Jesu hatten Mühe, diese Worte zu verstehen. Hören Sie, wie sich der Bibeltext aus dem Johannesevangelium fortsetzt:

„Viele nun seiner Jünger, die das hörten, sprachen: Das ist eine harte Rede; wer kann sie hören?
Da Jesus aber bei sich selbst merkte, dass seine Jünger darüber murrten, sprach er zu ihnen: Ärgert euch das? Wie, wenn ihr nun sehen werdet den Menschensohn auffahren dahin, wo er zuvor war? Der Geist ist's, der lebendig macht; das Fleisch ist nichts nütze. Die Worte, die ich zu euch geredet habe, die sind Geist und sind Leben. Aber es gibt einige unter euch, die glauben nicht.
Denn Jesus wusste von Anfang an, wer die waren, die nicht glaubten, und wer ihn verraten würde. Und er sprach: Darum habe ich euch gesagt: Niemand kann zu mir kommen, es sei ihm denn vom Vater gegeben."

In seiner Antwort liefert Jesus den entscheidenden Schlüssel für das Verständnis: „Der Geist ist's, der lebendig macht; das Fleisch ist nichts nütze." Man könnte auch sagen: „Der Geist ist's, der lebendig macht; der Buchstabensinn ist nichts nütze." Diese Aussage ist nicht nur für unseren konkreten Zusammenhang wichtig, sondern auch allgemein für den Umgang mit dem biblischen Wort.

Damit können wir festhalten, das das Fleisch und analog dazu das Blut, gegenständlich betrachtet, für den Glauben zu nichts nütze sind. Dann bleibt aber die Frage: Warum verwendete Jesus dieses Bild vom Fleisch und Blut. Fleisch und Blut stehen für eine Gesamtheit, für die Gesamtheit des Lebens. Jesus ist nicht nur ein Lehrer, der weise Sätze über das Leben und den Glauben äußert. Diese Sätze könnte man dann für richtig halten oder nicht, man könnte sich danach richten oder nicht. Das wollte Jesus jedoch nicht. Jesus ging es für den Menschen vielmehr um den grundsätzlichen Lebensvollzug, der eben nicht nur auf das Denken Wert legt, sondern vor allem auf das Handeln in Liebe im Alltag. Natürlich ist es auch wichtig, etwas zu wissen, um sich in Diskussionen behaupten zu können, um die Ereignisse des Lebens interpretieren zu können. Bildung hat in der kirchlichen Tradition schon immer eine große Rolle gespielt. Aber entscheidend bleibt der Lebensvollzug in seiner Gesamtheit. Für Jesus gibt es keine Trennung zwischen den frommen Stunden in der Synagoge bzw. für uns eben in der Kirche und einem Alltagsleben. Der gesamte Lebensvollzug eines Menschen in seinem Handeln, Denken, Fühlen und Glauben bildet eine Einheit, wie eben Fleisch und Blut unzertrennlich miteinander verbunden sind.

Durch den Bezug auf das Fleisch und das Blut auf seine eigene Person unterstreicht Jesus, dass es bei ihm nicht nur um gelehrte Auslegung der Heiligen Schriften geht oder um pointierte Sätze oder interessante Gleichnisse. Sein Leben in Gott wird die Kraftquelle für andere werden, das ewige Leben bei Gott zu erlangen. In dem Lebens- und Glaubensvollzug von Jesus offenbart sich das Handeln Gottes selbst. Es kommt auf den gesamten Geschehensprozess an und nicht auf einzelne dogmatische abstrakte Wahrheiten. Das Geschehen von Kreuzigung und Auferstehung lässt Gott dem Menschen zum Heil werden, zu einem Heil, das hier auf Erden anbricht und sich in der Ewigkeit vollendet. Somit wird der Leib bzw. das Fleisch Christi zum Symbol für das Brot des Lebens, das im Vollzug seine Kraft entwickelt. Genauso wird das Blut Christi zum Kelch des Heils, das ebenfalls im Vollzug seine Kraft entwickelt.

Diese Perspektive veranlasste die Herausgeber des neuen Gottesdienstbuches, den traditionellen Worten beim Abendmahl eine neue Variante an die Seite zu stellen. Wer in der Tradition der Worte „Christi Leib für dich gegeben" bzw. „Christi Blut für dich vergossen" groß geworden ist, verbindet mit diesen Worten die geistliche Interpretation vom Brot des Leben und vom Kelch des Heils. Wer mit einer religiösen Tradition Gutes verbindet, wird sie nicht ändern wollen. Aber Menschen, die nicht in einer bestimmten Tradition groß geworden sind, tun sich oft schwer, sich einer solchen Tradition zu öffnen. Für solche Menschen wäre der Zugang zum Abendmahl leichter, wenn direkt gesagt würde, worauf die traditionellen Worte abzielen: „Brot des Lebens" und „Kelch des Heils".

Was bedeutet „Brot des Lebens" oder „Kelch des Heils"? Wenn ich die ersten Sätze des heutigen Predigttextes frei übertrage, wird es schon ein wenig deutlich: „Jesus sprach zu den Juden: Mein Leben ist das wahre Leben. Wer mein Leben verinnerlicht, der bleibt in mir und ich in ihm. Wie mich der lebendige Vater gesandt hat und ich lebe um des Vaters willen, so wird auch, wer mich verinnerlicht, leben um meinetwillen. Dies ist die gute Nachricht, die vom Himmel gekommen ist. Es ist nicht wie bei den Vätern, die sie gehört haben und gestorben sind. Wer diese gute Nachricht verinnerlicht, der wird leben in Ewigkeit."

Das „Brot des Lebens" und der „Kelch des Heils" in Jesus Christus wollen uns ein wahrhaftiges Leben schenken. Dieses Leben wird nicht frei sein von Leid, aber es wird von dem wahrhaftiges Leben erzählen, das uns Gott in der Taufe verheißen hat. Leben und Leben können sehr verschieden sein. Genauso können auch Sterben und Sterben sehr verschieden sein. Jesus Christus will uns zu einem Leben führen, das etwas von der Wirklichkeit Gottes erahnen lässt, das Böses mit Gutem überwindet, das Totes zu Lebendigem auferstehen lässt.

Das Wort von Jesus „Der Geist ist's, der lebendig macht; das Fleisch ist nichts nütze." kann immer als Grundlage für eine Bibelinterpretation herangezogen werden. Jesus hebt dadurch hervor: Im Glauben geht es darum, etwas lebendig zu machen, Leben zu entdecken, der Sehnsucht nach wahrhaftigem Leben nachzuspüren. Der Geist Gottes will uns dabei helfen, wie er uns in der Taufe oder in anderen Segenshandlungen verheißen wird.

Und der Friede Gottes, der höher ist als alle Vernunft, bewahre eure Herzen und Sinne in Jesus Christus! (Philipper 4, 7)

Die Liebe Gottes ist stärker als der Tod

Predigt zum Karfreitag 2002 (Sterbestunde)

Leipzig-Gohlis, am 29. März 2002

In dem Gottesdienst wurde von Arvo Pärt „Stabat mater" durch die Friedenskantorei Leipzig-Gohlis aufgeführt.

Die Gnade unseres Herrn Jesus Christus sei mit euch! (Römer 16, 20)

Stilles Gebet

Predigttext: Johannes 19, 31-42

Weil es aber Rüsttag war und die Leichname nicht am Kreuz bleiben sollten den Sabbat über - denn dieser Sabbat war ein hoher Festtag -, baten die Juden Pilatus, dass ihnen die Beine gebrochen und sie abgenommen würden. Da kamen die Soldaten und brachen dem ersten die Beine und auch dem andern, der mit ihm gekreuzigt war. Als sie aber zu Jesus kamen und sahen, dass er schon gestorben war, brachen sie ihm die Beine nicht; sondern einer der Soldaten stieß mit dem Speer in seine Seite, und sogleich kam Blut und Wasser heraus.

Und der das gesehen hat, der hat es bezeugt, und sein Zeugnis ist wahr, und er weiß, dass er die Wahrheit sagt, damit auch ihr glaubt. Denn das ist geschehen, damit die Schrift erfüllt würde (2. Mose 12,46): »Ihr sollt ihm kein Bein zerbrechen.« Und wiederum sagt die Schrift an einer andern Stelle (Sacharja 12,10): »Sie werden den sehen, den sie durchbohrt haben.«

Danach bat Josef von Arimathäa, der ein Jünger Jesu war, doch heimlich, aus Furcht vor den Juden, den Pilatus, dass er den Leichnam Jesu abnehmen dürfe. Und Pilatus erlaubte es. Da kam er und nahm den Leichnam Jesu ab. Es kam aber auch Nikodemus, der vormals in der Nacht zu Jesus gekommen war, und brachte Myrrhe gemischt mit Aloe, etwa hundert Pfund.

Da nahmen sie den Leichnam Jesu und banden ihn in Leinentücher mit wohlriechenden Ölen, wie die Juden zu begraben pflegen. Es war aber an der Stätte, wo er gekreuzigt wurde, ein Garten und im Garten ein neues Grab, in das noch nie jemand gelegt worden war.
Dahin legten sie Jesus wegen des Rüsttags der Juden, weil das Grab nahe war.
Der Herr segne an uns sein Wort!

Liebe Gemeinde!
Man gewinnt bei dem Hören der Geschichte von der Kreuzigung Jesu den Eindruck, als sei alles vorherbestimmt gewesen. In dem Geschehen um und am Kreuz wird die Erfüllung alttestamentlicher Bibelzitate gesehen. Es scheint fast so, als sei jedes Detail, das uns der Johannesevangelist berichtet, zwingend notwendig. Gott selbst habe es genau so und nicht anders gewollt. Die Menschen ringsherum werden zu Marionetten eines Geschehens, das ohne Wenn und Aber seinen Lauf nimmt. Keine Macht der Welt kann diesen Lauf aufhalten. Jeder Beteiligte übernimmt seine Rolle, als habe er sie vorher auswendig gelernt.

Bei uns sträuben sich dagegen alle Sinne. Wie kann man einen Unschuldigen hinrichten und niemand wehrt sich dagegen. Wo sind eigentlich die Jünger, die gegen den Lauf der Dinge Protest erheben könnten? Wo sind die vielen Geheilten? Wo sind die vielen, die durch Jesu Worte getröstet wurden? Nur wenige finden überhaupt den Mut zum Kreuz zu gehen, um am Ende dennoch dem Schicksal seinen Lauf zu lassen. Ohnmächtig stehen sie daneben.

Nur Josef von Arimathäa und Nikodemus setzen sich wenigstens für ein ordentliches Begräbnis ein. Sein Herr und Meister soll bei allen schweren Schicksalsschlägen eine Ruhestätte finden, wie sie unter ehrbaren Menschen üblich ist. Jedoch halten auch sie nicht den Lauf der Ereignisse auf, als gerade der Mann hingerichtet wird, der den Menschen die Liebe und Barmherzigkeit Gottes gepredigt hatte.

Von den Jüngern wissen wir nur, dass sie sich aus Angst vor Verfolgung versteckt und eingeschlossen haben. Sie waren ängstlich geworden. Ihnen fehlte der Glaubensmut und die Begeisterung für ihren Jesus. Alles war für sie mit seinem Tod zusammengebrochen. Es gab auch keine Antworten auf die Frage nach dem Warum. Alles schien sinnlos gewesen zu sein und die Predigt vom barmherzigen Gott hatte wieder einmal gegen die Mächtigen der Welt verloren.

Geht es uns nicht manchmal genauso, wenn ein lieber Mensch neben uns schwer erkrankt, wenn wir erfahren, dass seine Krankheit ihm nur noch eine bestimmte Lebensfrist lässt. Arztbesuche und Untersuchungen wechseln sich ab. Die Hoffnung auf Genesung wird immer wieder durch neue schlechte Befunde zerstört. Alles scheint wie ein Uhrwerk abzulaufen, das niemand zum Stehen bringen kann. Weder medizinisches Wissen noch psychologisches Einfühlungsvermögen noch Beten können den Lauf der Ereignisse anhalten. Das Gefühl der Gottverlassenheit macht sich breit.

Freunde und Verwandte stehen daneben und sind ohnmächtig und müssen zu sehen, wie die Krankheit einen Menschen zerstört und ihm den Lebensodem nimmt. Alle Aktivitäten scheinen wie ins Nichts zu verpuffen. Es bleibt nur, diesen Menschen zu begleiten, an seiner Seite zu bleiben und mit ihm ein Stück den Weg zu gehen, den er gehen muss. Genauso haben es auch wenige Anhänger Jesu gemacht, als sie ihn bis ans Kreuz nachfolgten und, als er gestorben war, ihn in ein Grab legten.

Die Warumfragen lassen einen Menschen in dieser Zeit nicht los. Warum muss gerade der liebe Mensch sterben, der für mich so viel Gutes getan hat? Hat er sich nicht besonders um die Kinder gekümmert? Hat er sich nicht für Entrechtete und Schwache in der Gesellschaft eingesetzt? Warum stirbt nicht einer dieser Verbrecher, der anderen das Leben zur Hölle macht? Wo ist da Gerechtigkeit?

Der Blickwinkel des Todes lässt alles andere verblassen, obwohl vorher ein intensives Leben stattfand. Die Jünger Jesu hatten wenige Jahre mit Jesus gemeinsam gelebt. Keine andere Zeit hat ihnen so viele Gottesbegegnungen geschenkt, wie diese Zeit mit Jesus. Seine Liebe und Barmherzigkeit haben sie kennen gelernt, sie hat sich in ihr Herz geschrieben. In diesem Momenten war es nicht entscheidend, wie lange man noch zusammen ist, sondern dass der Moment als Geschenk Gottes erlebt wird. In solchen Momenten selbst steckte eine Zukunft, die eben Gott gehört und nicht von dieser Welt ist. Der Fortgang der Ereignisse zeigt dann auch, dass dieses intensive Erleben mit Jesus den Jüngern den Blickwinkel für eine neue Zukunft öffnete. Sie lernten das Auferstehungsgeschehen verstehen, obwohl es außerhalb unserer Vorstellungswelt liegt. Zu Jesu Lebzeiten hörten sie seine Predigt von der Liebe Gottes, die stärker ist als das Leid und die Schuld in dieser Welt. Diese Predigt half ihnen über den Tod hinaus zu blicken und dort dennoch neues Leben zu entdecken.

Gerade Jesu Tod wird dabei zum Schlüssel für diesen weiten Blick über die Grenzen dieser Welt hinaus. Deshalb hat Gott auch alles ablaufen lassen, so wie es eben geschehen ist. Jesu Tod steht stellvertretend für den Tod von Schuld und Sünde. Mit dem Kreuzestod wurde die Schuld der Menschen an das Kreuz genagelt. Nur der Tod Jesu vermochte die alles beherrschende Macht der Sünde so zu zerstören, sodass uns Menschen ein neues Leben geschenkt werden konnte. Dadurch wurde der Weg zu Gott frei für die, die ihre Hoffnungen auf den Gekreuzigten setzen. Schuld muss nun nicht mehr durch religiöse Leistung abgearbeitet werden, sondern kann im Vertrauen auf die Güte Gottes vergeben werden. Diese Vergebung befreit Menschen von ihrer Lebenslast und eröffnet ihnen Wege des intensiven Erlebens in der Liebe Gottes. Dazu gehört die Hoffnung, dass Leid und Tod nicht das Letzte sind, das Menschen erleben werden.

Mit diesem Glaubenshorizont bieten sich für uns neue Möglichkeiten an, mit unseren Leidsituationen umzugehen. Auch wenn Leid schrecklich ist und unseren Lebensmut zerstört, so ist es dennoch nicht die ganze Wahrheit. Nach wie vor gehört das gemeinsame Erlebte zum eigenen Erfahrungsschatz. Da stehen die fröhlichen Stunden neben den nachdenklichen Stunden und gehören doch zusammen. Fragen der Schuld können darin aufgenommen werden, ohne dass sie Menschen zertrennen. Gerade die Vergebung schafft eine Verbindung zwischen dem Liebenswerten und Nicht-Liebenswerten.

Auch wenn man Menschen auf ihrem schweren Lebensweg begleitet und man ohnmächtig den Ereignissen zuschauen muss, bleibt Zeit für intensive Erlebnisse miteinander und im Glauben. Trotz aller Verzweiflung und aller Enttäuschung, die man mit durchlebt, bleibt im Glauben die Hoffnung auf den Auferstandenen. Obwohl die Warumfragen hier auf Erden keine befriedigende Antwort finden, widersetzt sich die Hoffnung auf Gottes Liebe dem Lauf des Schicksals. Für den Sterbenden ist im Glauben noch lange nicht das letzte Wort gesprochen. Die Hoffnung auf den barmherzigen Gott, dessen Liebe stärker ist als der Tod, lässt neues Leben erstehen, hier auf Erden, aber in Vollkommenheit in der neuen Wirklichkeit bei Gott selbst.

Und der Friede Gottes, der höher ist als alle Vernunft, bewahre eure Herzen und Sinne in Jesus Christus! (Philipper 4, 7)

Der Glaubende sieht das Handeln Gottes

Predigt zum Karfreitag 2011

Leipzig-Lößnig, am 22. April 2011

Gnade sei mit euch und Friede von dem, der da ist und der da war und der da kommt! (Offenbarung 1, 4)

Stilles Gebet

Predigttext: Lukas 23, 33-49

Als die Menge an die Stätte kam, die da heißt Schädelstätte, kreuzigten sie ihn dort und die Übeltäter mit ihm, einen zur Rechten und einen zur Linken.

Jesus aber sprach: Vater, vergib ihnen; denn sie wissen nicht, was sie tun! Und sie verteilten seine Kleider und warfen das Los darum.

Und das Volk stand da und sah zu. Aber die Oberen spotteten und sprachen: Er hat andern geholfen; er helfe sich selber, ist er der Christus, der Auserwählte Gottes. Es verspotteten ihn auch die Soldaten, traten herzu und brachten ihm Essig und sprachen: Bist du der Juden König, so hilf dir selber!

Es war aber über ihm auch eine Aufschrift: Dies ist der Juden König. Aber einer der Übeltäter, die am Kreuz hingen, lästerte ihn und sprach: Bist du nicht der Christus? Hilf dir selbst und uns! Da wies ihn der andere zurecht und sprach: Und du fürchtest dich auch nicht vor Gott, der du doch in gleicher Verdammnis bist? Wir sind es zwar mit Recht, denn wir empfangen, was unsre Taten verdienen; dieser aber hat nichts Unrechtes getan. Und er sprach: Jesus, gedenke an mich, wenn du in dein Reich kommst! Und Jesus sprach zu ihm: Wahrlich, ich sage dir: Heute wirst du mit mir im Paradies sein.

Und es war schon um die sechste Stunde, und es kam eine Finsternis über das ganze Land bis zur neunten Stunde, und die Sonne verlor ihren Schein, und der Vorhang des Tempels riss mitten entzwei. Und Jesus rief laut: Vater, ich befehle meinen Geist in deine Hände! Und als er das gesagt hatte, verschied er.

Als aber der Hauptmann sah, was da geschah, pries er Gott und sprach: Fürwahr, dieser ist ein frommer Mensch gewesen! Und als alles Volk, das dabei war und zuschaute, sah, was da geschah, schlugen sie sich an ihre Brust und kehrten wieder um. Es standen aber alle seine Bekannten von ferne, auch die Frauen, die ihm aus Galiläa nachgefolgt waren, und sahen das alles.
Der Herr segne an uns sein Wort.

Liebe Gemeinde,
der Lukasevangelist erzählt uns wie die anderen Evangelisten auch relativ detailliert die Ereignisse der letzten Tage Jesu. Überhaupt stellt er dafür eine Fülle von Einzelheiten zusammen, wie an kaum einer anderen Stelle der Biographie Jesu.

Aus den berichteten Ereignissen wird deutlich, dass es sich bei Jesus um einen Justizmord handelt. Die Hohenpriester sahen in Jesus einen Mann, der Gott lästerte. Sie konnten seine Art der Vergebung der Sünden nicht akzeptieren, weil sie meinten, nur Gott bzw. für ihn stellvertretend der Hohepriester können Sünden vergeben. So überreichten Sie Jesus dem römischen Prokurator Pontius Pilatus mit dem Vorwand, Jesus behaupte, König zu sein. König hatte im alten Israel zwei Bedeutungen. Zum einen bezog es sich auf den geistlichen König des Volkes und der war immer Gott. Zum anderen bezog es sich auf den politischen König. Wem das nicht deutlich ist, wird Gefahr laufen, Gegebenheiten falsch zu interpretieren. Pontius Pilatus merkte schon, dass da etwas an diesem Vorwurf nicht stimmte, aber am Ende ließ er die Dinge laufen. Infolgedessen wurde Jesus am Kreuz hingerichtet.

Eine andere Ebene ist das Handeln Gottes. Dieses Handeln Gottes spiegelt sich zwar in den Handlungsweisen der Akteure wieder, aber die Akteure sehen nicht, wer wirklich dahinter steckt. Das wird erst nach der Auferstehung für die ersten Christen deutlich, die sich zu dem Auferstandenen bekennen. Durch das Handeln Gottes wird es möglich werden, dass Menschen in dem Tod und der

Auferstehung von Jesus Christus die Liebe Gottes sehen. Das Heilshandeln Gottes hat in Jesus Christus einen besonderen Höhepunkt erhalten.

Wer genau hinschaut, merkt schnell, dass die Kreuzigung Jesu keine normale Kreuzigung war. Kaum war Jesus am Kreuz aufgerichtet, sprach er die Worte: „Vater, vergib ihnen; denn sie wissen nicht, was sie tun!" Das sind normalerweise nicht die Worte eines Menschen, der gerade tiefes Unrecht erlebt. Es sind aber die Worte eines Mannes, der sich in den Dienst Gottes gestellt hat. Ein wesentlicher Bestandteil seiner Verkündigung war die Praxis der Sündenvergebung bzw. die Ermutigung zur Sündenvergebung. Seine Verkündigung lebte er bis ans Kreuz, bis in den Tod hinein.

Der Lukasevangelist berichtet im Gegensatz zu anderen Überlieferungen relativ ausführlich den Dialog mit den beiden Räubern. Darin ist auch die Vergebung das Hauptthema. Für den einen Räuber endete dieser Dialog mit der Vision, mit Jesus bei Gott zu sein. Diese Vision wurde für ihn möglich, weil er eben seine Schuld bekannte. So gilt bis heute, dass, wer seine Schuld selbst kurz vor dem Tod bereut, Vergebung erfährt. Da spielt es keine Rolle, was er die Jahre zuvor gemacht hat. Da spielt es keine Rolle, wie groß die Schuld ist. Entscheidend ist die Bereitschaft, seine Schuld einzugestehen. Das wird ihm als Glauben angerechnet, der ihm die Gerechtigkeit Gottes eröffnet.

Diese Geschichte mit den Räubern passt wunderbar in die Gesamtkonzeption des Lukas. Sie erinnern sich, er lässt den armen, missachteten Hirten auf dem Felde zuerst die gute Nachricht von der Geburt Jesu zuteil werden. Er erzählt die Geschichte vom verlorenen Sohn. Das Verlorene in Israel soll wieder gefunden werden. Da richtet der Lukasevangelist sein Augenmerk insbesondere auf die Menschen, die arm sind, die am Rande der Gesellschaft stehen, die - warum auch immer - nicht so recht den Zugang zum Glauben gefunden haben. So steht beim Lukasevangelisten am Anfang eine Geschichte, wie arme Menschen von der befreienden Botschaft Gottes erfahren. Aber auch am Ende lässt der Lukasevangelist diesen Grundgedanken noch einmal ausführlich zur Geltung kommen. Die scheinbar für Gott Verlorenen sollen wieder gefunden werden. So kann selbst ein Räuber durch Jesus Christus den Weg zu Gott finden.

Während Jesus im Garten Gethsemane noch darum bittet, dass der Leidenskelch an ihm vorüber geht, fügt er sich gemäß der Erzählung des Lukas in sein Schicksal: „Vater, ich befehle meinen Geist in deine Hände!" Damit erfüllt sich der Plan Gottes. Der Lukasevangelist stellt das Geschehen besonders im Vergleich auch zu den anderen Evangelisten als den genau durchdachten Heilsplan Gottes vor.

Der Matthäusevangelist lässt die Szene dramatischer enden, indem er Jesus sagen lässt: „Mein Gott, mein Gott, warum hast du mich verlassen?" Hier greift Jesus ein Psalmwort auf und stellt somit die Verbindung zu Psalm 22 her, in dem der Psalmist am Ende auch auf Gott vertrauen kann und mit dessen Gerechtigkeit rechnet. Das ist gedanklich etwas anspruchsvoller. Die Erfahrung der Gottesverlassenheit webt der Matthäusevangelist in das Kreuzesgeschehen ein, die am Ostersonntag dann überwunden wird. Der Matthäusevangelist versucht durch seine Darstellung besonders die Weltoffenheit des christlichen Glaubens hervorzuheben. So beginnt er eben sein Evangelium mit den Weisen aus dem Morgenlande. Seine Darstellung richtet sich besonders an die Menschen, die nicht traditionell mit dem jüdischen Glauben verbunden sind.

Das Geschehen am Kreuz, das keinesfalls an eine normale Hinrichtung erinnert, veranlasst den römischen Hauptmann bewundernd zu sagen: „Fürwahr, dieser ist ein frommer Mensch gewesen!" Mit dem Zeugnis eines Nicht-Juden will der Lukasevangelist hervorheben, wer Jesus war.

Nach dem Lukasevangelist im Gegensatz zum Johannesevangelisten steht niemand von den Freunden Jesu in unmittelbarer Nähe des Kreuzes. Hier heißt es, dass seine Bekannten von Ferne zuschauten. Seine Jünger sind als solche nicht genannt worden. Nur die Frauen, die Jesus in Galiläa begleiteten, werden als Gruppe ausdrücklich festgehalten. Wer die Bekannten im Einzelnen sind, lässt sich schwer rekonstruieren. Aber die Jünger scheinen nicht darunter zu sein, denn sonst wären sie eindeutig erwähnt worden. An anderer Stelle wird auch ihre Angst beschrieben, da sie fürchteten, ebenfalls verhaftet zu werden. Das Risiko, in der Nähe des Kreuzes verhaftet zu werden, wollte wohl niemand von ihnen so wirklich eingehen. So stirbt Jesus ohne seine Freunde. Dazu wird an keiner Stelle in den Evangeliumsberichten ein Bezug hergestellt. Der Bericht des Kreuzesgeschehens steht vielmehr unter der Perspektive, welche Mission Jesus zu erfüllen hat, wie sich dieses Geschehen mit dem Handeln Gottes verbindet. Da rückt die Frage, wo seine Jünger sind, in den Hintergrund.

Jedoch nimmt der Lukasevangelist ausdrücklich auf die Frauen Bezug, wie schon erwähnt. Sie spielten dann am Ostermorgen auch die entscheidende Rolle, als sie die Beerdigungsriten vollenden wollten, aber ihnen der Auferstandene begegnete. Die Frauen waren bei der Kreuzigung mit dabei und verfolgten dann auch die Grablegung, um eben zu wissen, wo Jesus beerdigt wurde. Dieses Verhalten der Frauen lässt darauf schließen, dass sie eine enge Beziehung zu Jesus hatten, dass sie ihn sehr verehrten.

Aus den Berichten der Evangelien wissen wir, dass Jesus einen sehr offenen Umgang mit Frauen pflegte. Er nahm sie in ihrem Glauben genau so ernst wie Männer. Das war damals nicht selbstverständlich. Vermutlich spielten die Frauen im Umfeld von Jesus eine größere Rolle, als es die Evangelisten infolge der Stilisierung auf die 12 Apostel berichteten. Jedenfalls fühlten sich die Frauen gegenüber Jesus so verpflichtet, dass sie die Bestattungsriten mit wohlriechenden Salben und Ölen vollenden wollten. Von den Jüngern ist in dieser Sache nicht die Rede. Über sie erfahren wir nicht, wie sie sich von ihrem „Meister“ verabschieden wollten.

Die Geschehnisse, die Lukas um den Tod Jesu berichtet, verlaufen im Rahmen menschlicher Entscheidungen. Jedoch war für die glaubende Gemeinde das Handeln Gottes unverkennbar. Es war einfach nicht alles bloß Zufall oder die Verkettung unglücklicher oder glücklicher Umstände, sondern Gott ließ die Ereignisse bewusst so laufen. In Verbindung mit seinem Heiligen Geist vermochte er den Glaubenden die Herzen zu öffnen und eine Deutung der Ereignisse zu schenken, die als unendliche Befreiung erlebt wurde.

Die Frage, ob Gott seine gute Botschaft vielleicht auch anders den Menschen hätte nahe bringen können, steht damit eigentlich nicht. Leid und Tod sind für Gott nicht die definitiven Endpunkte seines Handelns, sondern danach folgen immer noch die Befreiung von der Macht des Todes und der Sieg der Barmherzigkeit. Das Volk Israel hatte schon mehrmals dieses Handeln Gottes in seiner Geschichte erlebt, deshalb war es auch für die Glaubenden und auf den barmherzigen Gott Hoffenden nachvollziehbar.

In dieser Hoffnung auf den barmherzigen Gott ist auch die Hoffnung für die vielen Menschen begründet, die unschuldig sterben müssen, die in ihrer Verzweiflung zerrüttet werden, die wegen ihres Kampfes für Gerechtigkeit getötet werden, die an dem unerfüllten Wunsch nach erlebbarer Liebe innerlich zerbrechen. Alles menschliche Leid hat in dem Tod und der Auferstehung Jesu Christi seinen Grund gefunden, dass es nicht vergebens in Hoffnungslosigkeit endet, sondern in einem neuen Leben im Vertrauen auf Gott. Diese Verheißung schenkt den Glaubenden Mut, gegen Leid und Ungerechtigkeit in dieser Welt anzukämpfen, selbst Leid auf sich zu nehmen, um eben die gute Botschaft vom barmherzigen Gott weiterzuerzählen oder sie vorzuleben. Leid und Tod sind nicht das Letzte, das Glaubende erleben werden, sondern Auferstehung und Barmherzigkeit. Aber dazu mehr zum Osterfest.

Und der Friede Gottes, der höher ist als alle Vernunft, bewahre eure Herzen und Sinne in Jesus Christus! (Philipper 4, 7)

Die Sprache der Liebenden beschreibt das Leid Jesu Christi

Predigt zum Karfreitag 2011 (Sterbestunde)

Leipzig-Connewitz, am 22. April 2011

In dem Gottesdienst wurden Teile aus der Passionskantate von Dietrich Buxtehude „Jesu membra nostri“ durch das Ensemble „avelarte“ aufgeführt.

Liebe Gemeinde,
wir haben Teile aus der Passionsmusik „Membra Jesu nostri“ von Dietrich Buxtehude gehört. Es werden noch weitere Teile erklingen. In dieser Passionsmusik werden die Körperteile Jesu vom Fuß beginnend bis zum Angesicht besungen. Es ist die Haltung eines Beters, der nach unten blickt und infolge des Gebets sein Haupt allmählich nach oben richtet und dabei sich neue Ansichten bei Jesus erschließt. Jedem Körperteil ist auch ein Bibelwort zugeordnet.

Im Folgenden wird das Herz besungen. So wollen wir uns diesem intensiver nähern. Ihm ist ein Wort aus dem Hohenlied Salomos zugeordnet: „Du hast mir mein Herz verwundet, meine Schwester, meine Braut, du hast mir mein Herz verwundet.“ (Hohelied Salomos 4,9) Die Übersetzung folgt der lateinischen Bibelübersetzung, wie sie in der Passionsmusik verwendet wird.

Das Hohelied Salomos ist ein Liebeslied, das auch erotische Passagen enthält. Es wirkt für uns im ersten Moment befremdlich, wie solch eine Perspektive der zwischenmenschlichen Liebe und der Erotik mit dem Leiden Jesu verbunden wird. Die mittelalterliche Mystik konnte beides problemlos miteinander in Einklang bringen. So lautet der vollständige Bibelvers im Hohenlied Salomos gemäß Luther folgendermaßen: „Du hast mir das Herz genommen, meine Schwester, liebe Braut, du hast mir das Herz genommen mit einem einzigen Blick deiner Augen, mit einer einzigen Kette an deinem Hals.“ Das aus Liebe verwundete Herz wird mit dem aus Leid verwundeten Herz in der christlichen Kreuzesmystik verbunden.

Für uns geht Erotik in der Öffentlichkeit häufig mit Werbung einher. Da steht nicht die Freude an der schönen Schöpfung Gottes in einem Menschen im Vordergrund, sondern was kann gut verkauft werden. Diese Erfahrung lässt in uns eine Distanz zu erotischen Bildern aufkommen.

Die mittelalterliche Mystik sieht hingegen in dem Herzen den Verknüpfungspunkt. Das Herz, das mit Freude liebt, einen Menschen begehrt, das Sehnsucht entwickelt, ist genau dasselbe Herz, das an und mit einem Menschen leidet, das insbesondere seelische Schmerzen empfindet. Die Sprache scheint fast austauschbar, wenn es darum geht, seine Liebe gegenüber einem Menschen oder gegenüber Jesus zu beschreiben. Die emotionale Verbundenheit zu Jesus ruft tiefe Gefühle wach, die mit Gefühlen der Liebe zu einem guten Menschen vergleichbar sind.

Dies hat auch das Bild von der Braut und dem Bräutigam befördert. Christus ist der Bräutigam. Die Braut kann die Kirche sein, aber auch die Seele eines Menschen. Die Freude über die Vereinigung von Bräutigam und Braut wird dann als Bild für die Vereinigung von Jesus Christus und seiner Kirche bzw. der Seele gesehen. Auch Martin Luther greift dieses Bild in seiner Schrift „Von der Freiheit eines Christenmenschen“ auf. Da heißt es: „Der Glaube gibt nicht nur so viel, dass die Seele dem göttlichen Wort gleich, aller Gnaden voll, frei und selig wird, sondern er vereinigt auch die Seele mit Christus wie eine Braut mit ihrem Bräutigam.“[5] Diese seelische Vereinigung wird besonders in der mittelalterlichen Brautmystik mit der Sprache der Liebenden beschrieben. Als sprachliches Vorbild gilt da besonders das Hohelied Salomos.

Wer mit seinem Herzen liebt, wird leicht verwundbar. Leiden gehört auch zu einer intensiven Liebe. Dieser Spannungsbogen spiegelt sich auch in der Beziehung zu Jesus Christus wieder. Die Liebe zu Jesus Christus lässt das Herz besonders leiden, wenn eben Jesus selbst den Weg des Leides zum Kreuz gehen

---

[5] Luther, Martin: Die Freiheit eines Christenmenschen. In: Luther, Martin : Taschenausgabe. Bd. 2. Berlin 1984, 130 (Punkt 12) entspricht D. Martin Luthers Werke: kritische Gesamtausgabe. Weimar = WA 7, 25.

muss. Dieser Schmerz erreicht das Herz in seiner Mitte. Dies wird derjenige eher nachempfinden können, der gerade selbst Leid erlebt oder nicht gleich in die österliche Perspektive einschwenkt. Die Leidensmystik versucht den Moment des Leidens Jesu Christ zu erfassen. Der Blick auf Ostern spielt dabei keine Rolle. Infolge der Versenkung in das Leiden Jesu wird Ostern vielmehr Anlass sein, sich zu freuen. Es geht darum, die seelischen Gemütslagen im Herzen nachzuempfinden, um sich das Geschehen vor allem emotional zu erschließen. Dies bietet eine Brücke, die Liebe Gottes in dem Leiden Jesu zu entdecken.

Liebe im Leiden zu sehen, erfordert einen anderen Blick auf das Leben, als er gemeinhin gepflegt wird. Gott mutet uns da auch Einiges mit dem Kreuzestod Jesu zu. Aber der Perspektivwechsel zu Ostern lässt den Leidenden in der Liebe Gottes gestärkt hervorgehen. Das liebende Herz vermag über das Leid hinauszublicken, indem es sich eben nicht vom Leid gefangen nehmen lässt. Dadurch vermag das liebende Herz Leid zu überwinden und neues Leben zu beginnen. Diese Liebe erzählt etwas von der Liebe Gottes, die hier und jetzt unser Herz mit Liebe füllen, aber dieses Herz auch in Liebe in seiner Herrlichkeit vollenden möchte.

Amen.

„Tod, wo ist dein Sieg?“

Predigt zum Osterfest

Leipzig-Connewitz, am 24. April 2011

In diesem Gottesdienst wurde die Bachkantate BWV 4 „Christ lag in Todesbanden“ von der Paul-Gerhardt-Kantorei aufgeführt.

Predigttext: 1. Korinther 15, 55 „Tod, wo ist dein Sieg? Tod, wo ist dein Stachel?“ und Martin Luther (1524) „Christ lag in Todesbanden“ (Evangelisches Gesangbuch Nr. 101)

1. Christ lag in Todesbanden, / für unser Sünd gegeben, / der ist wieder erstanden / und hat uns bracht das Leben. / Des wir sollen fröhlich sein, / Gott loben und dankbar sein / und singen Halleluja. Halleluja.
2. Den Tod niemand zwingen konnt / bei allen Menschenkindern, / das macht alles unser Sünd, / kein Unschuld war zu finden. / Davon kam der Tod sobald / und nahm über uns Gewalt, / hielt uns in seim Reich gefangen. Halleluja.
3. Jesus Christus, Gottes Sohn, / an unser Statt ist kommen / und hat die Sünd abgetan, / damit dem Tod genommen / all sein Recht und sein Gewalt; / sa bliebt nichts denn Tods Gestalt, / den Stachel hat er verloren. Halleluja.
4. Es war ein wunderlicher Krieg, / da Tod und Leben rungen; / das Leben behielt den Sieg, / es hat den Tod verschlungen. / Die Schrift hat verkündet das, / wie ein Tod den andern fraß, / ein Spott aus dem Tod ist worden. Halleluja.
5. Hie ist das rechte Osterlamm, / davon Gott hat geboten, / das ist an des Kreuzes Stamm / in heißer Lieb gegeben. / Das Blut zeichnet unser Tür, / das hält der Glaub dem Tod für, / der Würger kann uns nicht rühren. Halleluja.
6. So feiern wir dies hoh Fest / mit Herzensfreud und Wonne, / das uns der Herr scheinen lässt. / Er ist selber die Sonne, / der durch seiner Gnaden Glanz / erleucht’ unsre Herzen ganz; / der Sünden Nacht ist vergangen. Halleluja.

7. Wir essen und leben wohl / zum süßen Brot geladen, / der alte Sau'rteig nicht soll / sein bei dem Wort der Gnaden. / Christus will die Kost uns sein / und speisen die Seel allein; / der Glaub will keins andern leben. Halleluja.

Liebe Gemeinde,
wir haben einen so schönen Ostersonntag. Heute Morgen begann es mit der Ostermette. Der anbrechende Tag und die aufgehende Sonne erzählten uns etwas von dem neuen Leben, das uns Gott schenken möchte. In der Taufe von Karolin und Konstantin feierten wir vorhin gerade dieses neue Leben.

Nun hören wir in diesem Gottesdienst die Bachkantate „Christ lag in Todesbanden". Der Text geht auf Martin Luther zurück. Die lateinischen Ursprünge reichen bis in das 11. Jahrhundert zurück. In diesem Lied kommt das Wort „Tod" zehn Mal vor. Wie passt das zusammen? Wir erleben gerade eine Schöpfung voller lebendiger Kraft. Zum Osterfest treffen sich viele Familien, denen es bei den Spaziergängen durch die frühlingshafte Natur oft gelingt, besser miteinander auszukommen als zu Weihnachten. Lebensfreude scheint angesagt zu sein, aber wir singen ein Lied, das sich intensiv mit dem Tod beschäftigt.

Aber es ist auch ein Lied, das seinen Spott mit dem Tod treibt. Das scheint doch eher respektlos zu sein. Jeder kennt die Macht des Todes über unser Leben. Jeder Mensch, der geboren wird, wir einmal sterben. Da ist es doch unangemessen, seine Witze über den Tod zu machen. Schließlich erleben Menschen den Verlust eines lieben Verwandten oder Freundes als dramatisch. Da macht man nicht seine Späße über den Tod. Leid will ernst genommen werden. Aber es sollte nicht zu ernst genommen werden. Andernfalls läuft man Gefahr, dass einem sich das Leben in seiner ganzen Weite und Tiefe nicht so wirklich erschließt. Auch die Freude des Lebens braucht ihren Platz in unserem Leben. Auch sie will wichtig genommen werden.

Ostern ist ein Fest des Lebens, des neuen Lebens mit Gott. Die ersten Christen haben in der Auferstehung Jesu Christi den Sinn des Lebens überhaupt entdeckt. Für sie hat sich der Blickwinkel auf das Leben und somit auch auf den Tod verändert. Das Leben besteht dann nicht mehr nur aus Terminen und alltäglichen Verpflichtungen, das Leben möchte eine Aufgabe haben, die Teil eines größeren Werkes ist. Leben sehnt sich nach Liebe und Barmherzigkeit und will sie selbst leben. Mit Liebe soll der Mensch verändert werden, dass er selbst gern in Liebe handelt.

Dann breitet sich ein anderes Verhaltensmuster aus, das sich von Machtstrukturen und Machtmissbrauch verabschiedet, das Gewalt und Zerstörung ablehnt, das Böses mit Gutem zu überwinden vermag. Wenn dies vollkommen gelänge, dann gäbe es nicht mehr die Verhaltensweisen, die uns von Gott trennen. Die Verbundenheit mit Gott lässt uns einen anderen Blick auf den Tod werfen.

Strophe 4 und 5 des Liedes „Christ lag in Todesbanden" wurden durch die Kantorei gesungen.

Auch Paulus treibt seinen Spott mit dem Tod, in dem er im ersten Korintherbrief (15, 55) fragt: „Tod, wo ist dein Sieg? Tod, wo ist dein Stachel?" Keinesfalls blendet Paulus dabei aus, dass auch weiterhin Menschen sterben werden und dass sie in Gräber gelegt werden. Ihm wie auch Martin Luther geht es um einen anderen Tod. Es geht um den seelischen Tod, der eintritt, wenn Menschen nicht nach der Barmherzigkeit und Liebe Gottes fragen. Die Bibel spricht von der Sündhaftigkeit des Menschen, um zu beschreiben, dass sich der Mensch sein eigenes Leben baut, ohne auf seinen Mitmenschen zu achten. Solche Verhaltensweisen bringen am Ende den seelischen Tod. Sie lassen einen Menschen nicht das wahre Leben erfahren, weil der gesammelte Reichtum nicht das Herz erreicht. Nur dort kann der Mensch Reichtümer anhäufen, die er am Ende mitnehmen kann.

Was nützt es einem Menschen, wenn er alle irdischen Freuden wahrnimmt, aber seine Seele leer oder krank ist. Da bekommt alles den bitteren Beigeschmack des Todes, des endgültigen Todes. Wenn es vorbei ist, dann ist es endgültig vorbei.

Dagegen bedeutet der Tod Jesu wahrhaftiges Leben. Es ist schon spannend, wenn der Tod vom Leben erzählt, wenn der Tod Leben schenkt, wenn der Tod ein neues schönes Leben ermöglicht. In der Auferstehung Jesu nehmen die Glaubenden wahr, der biologische Tod ist nicht das Letzte. Die Seele kann weiterleben, sie hat noch eine Zukunft bei Gott. Mit dieser Perspektive lässt sich der Tod doch etwas gelassener sehen. Damit kann auch das irdische Leben eine neue Freude erfahren. Die Kinder Gottes können auch über den Tod spotten, weil sie sich in der Liebe Gottes geborgen fühlen.

Natürlich hat der Spott über den Tod einen bitteren Beigeschmack. In der Regel hängen wir Menschen an unserem Leben. Uns sind Menschen wichtig. Wenn dann der Tod diese Menschen von uns nimmt, sind wir traurig. Wenn wir selbst merken, dass unsere Zeit nur noch sehr überschaubar ist, kommt es sehr auf die Lebenssituation an. Wer die 90 überschritten hat, wird in der Regel dem Tod gelassener entgegen sehen können, als wenn eine junge Mutter noch den Schulanfang ihres Kindes miterleben möchte. Der Tod ergreift uns emotional. Manchmal wünschten wir uns, es gäbe keinen Tod; aber der Tod gehört zum Leben dazu. Er ist auch ein Stück Leben, das letzte Stück unseres irdischen Lebens.

Indem Paulus den Tod provokant fragt: „Tod, wo ist dein Sieg? Tod, wo ist dein Stachel?“, will er den Menschen das wahre Leben zurückgeben. Unser Leben, unser Alltag, unsere Termine sollen nicht vom Tod geprägt sein, sondern von der Liebe Gottes, von dem Leben mit Gott, von einem Sinn erfüllten Leben. Der Auferstandene will uns die Freude des Lebens schenken, eine Freude, die das Herz bereichert, die das Herz anderer Menschen bereichert, die Lust am und auf das Leben hat. Diese Freude vermag über den Tod hinauszublicken und die Nähe Gottes zu erahnen. Dieser Blick schaut eben auch hier auf Erden über Grenzen hinweg und wagt neue Wege des Lebens. Dann brechen Erfahrungen der Auferstehung an, wenn Menschen ihren Lebenswandel ändern. Wenn Menschen Vergebung erfahren, bekommen sie eine neue Chance des Lebens. Wenn Irrwege zu Ende sind, bricht die Freude über einen Weg mit einem lohnenswerten Ziel auf. Wenn eine neue Hoffnung aufbricht, dann erwächst neuer Lebensmut.

Dazu möchte ich Ihnen zum Schluss noch eine Geschichte vorlesen:

„Erstaunliche Besserung“ von Martin Lienhard[6]

Der Arzt machte ein bedenkliches Gesicht. Seit zehn Tagen liegt sein Patient, Herr Neuhaus, in unverändert kritischem Zustand im Bett. Die Verbrennungen breiten sich über so große Teile seines Körpers aus, dass das Überleben fraglich ist.

Herr Neuhaus spürt genau, wie es um ihn steht. Verzweiflung und Hoffnung wechseln. Selbstaufgabe und Kampf streiten gegeneinander. Jeden Tag macht er wieder neu mit sich selbst aus, dass er sein Leben zurückgeben will. Und jeden Tag kämpft er wieder neu um sein Leben. Laut schreit er seine Gebete zum offenen Fenster hinaus: „Gott, wenn es dich gibt, so zeige deine Macht jetzt, da ich dich brauche!“

Vier Tage später schüttelt der untersuchende Arzt den Kopf. Er misst den Blutdruck ein zweites Mal. Dreimal schaut er die Laborwerte an. Schließlich fragt er: „Was ist geschehen, Herr Neuhaus? Von einem Tag auf den andern sind alle Werte viel besser. Ihr Überleben scheint gesichert. Was ist mit Ihnen geschehen?“

Herr Neuhaus lächelt. Langsam nickt er mit dem Kopf und sagt: Ja, es ist etwas geschehen – gestern – gestern Nachmittag. Mein sechsjähriger Enkel hat mich besucht. Er hat zu mir gesagt: „Großvati, jetzt musst du wirklich bald nach Hause kommen, mein Fahrrad ist defekt!“

Amen.

---

[6] Die heilsame Reise. 3. Aufl. Gütersloh 1994, 151.

„Herr, wohin sollen wir gehen?“

Predigt zur Konfirmation (Jubilate)

Leipzig-Connewitz, am 15. Mai 2011

Die Gnade unseres Herrn Jesus Christus und die Liebe Gottes und die Gemeinschaft des Heiligen Geistes sei mit euch allen! (2. Korinther 13, 13)

Stilles Gebet

Predigttext: Johannes 6, 66-69

Von da an wandten sich viele seiner Jünger ab und gingen hinfort nicht mehr mit ihm.

Da fragte Jesus die Zwölf: Wollt ihr auch weggehen?

Da antwortete ihm Simon Petrus: Herr, wohin sollen wir gehen? Du hast Worte des ewigen Lebens; und wir haben geglaubt und erkannt: Du bist der Heilige Gottes.

Der Herr segne an uns sein Wort!

Liebe Konfirmandinnen und Konfirmanden,

liebe Eltern, liebe Gemeinde,

der Liedermacher Hermann van Veen singt in der deutschen Version seines Songs „Anne“ „Kaum bist du ohne Babyspeck, saust du mit dem Mofa weg.“ Die Mofas stehen nicht mehr ganz so hoch im Kurs wie damals, als Hermann van Veen das Lied dichtete. Aber die Kinder von Einst sind Jugendliche geworden, die ins Leben aufbrechen. Das ist trotz Wohlstandsgesellschaft gar nicht so einfach, wie man vielleicht meinen könnte. Da gibt es neben dem Schönen im Leben eben diese ätzenden Konflikte, die leidlichen Streitgespräche, da gibt es unverständliche Worte, die nur neue Konflikte heraufbeschwören.

Im Vorfeld unseres Predigttextes mutete Jesus seinen Zuhörern harte Worte zu. Seine bildhafte Sprache erschloss sich nicht ohne Weiteres für die Umstehenden. So gingen viele davon. Nur der engere Kreis um Jesus bleibt und bekennt sich zu dem Heiligen Gottes, wie es Petrus ausdrückt.

Man kann jetzt Gut und Böse in dieser Geschichte wunderbar verteilen und es mit tiefsinnigen Glaubenssätzen untersetzen. Ich möchte jedoch eine Lanze für diejenigen brechen, die von Jesus weggegangen sind, die in eine andere Richtung aufgebrochen sind.

Sie, liebe Gemeinde, dürfen sich über mein Ansinnen gerne wundern, aber lassen Sie sich bitte einmal ein Stück auf diesen Gedankengang ein. Ich möchte Sie einfach fragen, wie ergeht es Ihnen in einer komplizierten Lebenslage? Können Sie da einfach klar sagen, wo der Weg lang geht, worin ihr Glaube besteht? Könnten Sie womöglich anderen selbstsicher noch ein paar gute Ratschläge geben, die möglichst keine Schläge auf die Seele eines anderen Menschen sind? Wenn das Leben gut sortiert ist, lassen sich Gut und Böse relativ leicht und klar beschreiben. Jedoch wird es kompliziert, wenn sich menschliches Versagen und Schuld mit guten Hoffnungen und Wünschen vermengen. Da fallen klare Antworten schwer, weil es schwierig ist, den verschiedenen Gesichtspunkten oder gar Interessen gerecht zu werden.

Auch Jugendliche müssen komplizierte Situationen bewältigen. Von ihnen wird schnell viel verlangt. Da sollen sie erfolgreich in der Schule sein, sich wenigstens für ein Hobby interessieren und am Ende natürlich auch in den Konfirmandenunterricht gehen. Das Wochenprogramm wird straff durchorganisiert. Schule, Musikunterricht, Sport und familiäre Verpflichtungen sind kaum ohne Terminüberschneidung zu realisieren. Alle Erwachsenen meinen es natürlich nur gut mit den Jugendlichen. Da kann man ja auch ein klares Bekenntnis der Jugendlichen zu diesem Erfolg versprechenden Weg erwarten. Aber dieses Bekenntnis bleibt mitunter aus, weil Jugendliche davon gehen und ihre eigenen Wege suchen. Sie verstehen dieses System nicht und zwar aus gutem Grund.

Sie brauchen ihre ganze Kraft, um ihre familiäre, um ihre eigene Lebenssituation zu verstehen. Diese ist eben nicht mehr wie in den frühen Kindertagen, zu denen sie sich zurücksehnen, als eben Vater und Mutter noch zusammenlebten. Jugendliche entwickeln auf komplizierte familiäre Lebenslagen ganz unterschiedliche Strategien. Die einen verweigern sich in der Schule, die anderen ziehen sich in sich selbst zurück, die anderen provozieren Lehrer und natürlich auch Pfarrer. Insbesondere geraten auch Stiefeltern in die Schusslinie. Diese Personen sind schlecht beraten, wenn sie die jugendlichen Provokationen mit ähnlichen Zickereien beantworten.

Ich war einmal bei einer Konfirmation, bei der eine erwachsene Frau meinte, dass sich der weitere Ablauf der Feier nach ihr zu richten habe und als das so nicht passierte, fühlte sie sich beleidigt und löste sich in Tränen auf. Die Konfirmandin kommentierte dieses Verhalten mit den Worten „Da soll ich nun erwachsen werden." Das klang nicht so, als hätte sie das Verhalten der Frau als Einladung zum Erwachsenwerden verstehen können.

Erwachsene sollten schon in der Lage sein, auch auf der Ebene von gereiften Persönlichkeiten zu agieren. Wie sollen sonst die Jugendlichen im guten Sinne heranreifen und konstruktive Lebensentscheidungen treffen? Natürlich sind Erwachsene auch gestresst, beruflich mitunter überfordert oder fechten innere Kämpfe aus. Aber seinen Lebensfrust sollte ein Elternteil niemals an seinen Kindern auslassen. Kinder brauchen das Gefühl, von ihren Eltern geliebt zu sein und zwar auch dann, wenn sie etwas ausgefressen haben oder gar richtige „Scheiße" gebaut haben. Eltern sollten selbst in ziemlich verfahrenen Situationen ihren Kindern dennoch etwas zutrauen und ihnen Mut zusprechen, selbst dann, wenn sie vielleicht gerade sehr enttäuscht von ihren Kindern sind. Bei aller nötigen Kritik sollte eben die Liebe unverkennbar bleiben.

Es gibt einfach schwierige Lebenssituationen und das betrifft insbesondere auch Jugendliche. Da ist es vollkommen verkehrt, akribisch die Schuldfrage zu klären. Vielleicht gelingt es sogar, einen eindeutigen Schuldigen zu benennen, aber deswegen sortieren sich die Beziehungen nicht wieder neu und das Happy End breitet sich ebenfalls nicht aus. In der Regel lässt sich aber nicht eindeutig, ein Schuldiger ausmachen. Da stecken Menschen in einer komplizierten Lebenslage und sind dennoch herausgefordert, Entscheidungen zu treffen. Es sind trotz allem Bekenntnisse nötig, was einem im Leben wichtig ist. Menschen sind gut beraten, wenn sie trotz allem nach vorn denken können und versuchen das Beste aus der verzwickten Lebenslage zu machen. Diese Perspektive kommt nicht von allein, sondern will im Leben oft errungen sein.

Bei alle dem spielt die Frage nach der Religion, nach den Bekenntnissen im Glauben keine zu unterschätzende Rolle. Hinter dieser Frage stehen die Fragen nach dem Wertesystem und den Strategien, wie man Probleme lösen möchte. Da hat der christliche Glaube schon einen gewissen Anspruch, eben aus seinem von Gott geschenkten Leben etwas Sinnvolles zu machen. Nur was ist sinnvoll? Diese Frage werden Menschen unterschiedlich beantworten.

In unserem Predigttext bleiben die Jünger bei Jesus, weil er für sie Worte des ewigen Lebens hat. Es ist für sie sinnvoll, diesen Worten zu folgen. Sie sehen darin ihre Chance, ein erfülltes Leben hier auf Erden zu führen, aber auch darüber hinausblicken zu dürfen. In dem Handeln und Reden von Jesus Christus nehmen sie das Wirken des barmherzigen Gottes wahr. Das wird ihnen insbesondere für die Zeit nach dem Wirken Jesu Kraft geben, komplizierte Situationen zu bewältigen. Wer Liebe und Zuwendung erfahren hat, entwickelt in der Regel konstruktive Ideen, mit Problemen umzugehen. Gott schenkt uns diese Liebe und Zuwendung unter anderem auch durch die Taufe und den Segen der Konfirmation.

Um Jesus nachzufolgen, müssen wir keine Vorleistungen bringen. Wir brauchen keinen Pass, keine Kreditkarte, keine Empfehlung. Wir brauchen nur ein wenig Mut, um uns auf dieses Abenteuer Glauben einzulassen. Indem wir unseren göttlichen Funken in uns eine Chance geben, blicken wir anders auf unsere Mitmenschen mit all ihren kleinen und großen Problemen.

Mit diesem Blick des göttlichen Funkens schaut man nicht nur auf die äußeren Dinge des Lebens und bewundert sie, sondern man sieht das Leben durch die Brille des Herzens, der Liebe und der Gerechtigkeit. Dabei entdeckt man auf einmal ganz andere Dinge im Leben, die einem besonders wichtig werden und das eigene Leben voranbringen. Vielleicht hat man es dann nicht mehr nötig, alle erlebte Ungerechtigkeit an anderen Menschen auszulassen. Mit diesem Blick fällt es auch leichter, eine einfache Anti-Haltung wenigstens in ein Miteinander und vielleicht auch einmal später in ein gegenseitiges Füreinander umzuwandeln.

Wenn ein Mensch im Alltag nicht nur grau in grau erkennt, sondern auch die Farbe der Liebe und der Hoffnung, dann wird die Welt für ihn viel farbenfroher. Wer sich selbst einbringt, damit Menschen Gutes erfahren können, der hat den grauen Alltag schon längst hinter sich gelassen.

Unter solchen Umständen erscheint es fast logisch, sich zu dem barmherzigen Gott zu bekennen, der uns gern eine segensreiche Zukunft bereiten will. Bei der Konfirmation ist es ein Grund zu feiern. Auch später im Leben wird es Situationen geben, in denen es wichtig ist, sich zu Jesus Christus zu bekennen und sich somit für ein sinnerfülltes Leben zu entscheiden. Es werden auch spannungsreiche Umstände sein, die es Menschen keinesfalls leicht machen, Jesus Christus nachzufolgen.

Wer jedoch in der Nachfolge Jesu Christi bleibt, wird mit den Augen des Herzens mehr sehen in dieser Welt, der wird sein Leben reichhaltiger gestalten können, der wird den Hauch des ewigen Lebens selbst in dieser irdischen Welt mit all ihrer Vergänglichkeit spüren.

Und der Friede Gottes, der höher ist als alle Vernunft, bewahre eure Herzen und Sinne in Jesus Christus! (Philipper 4, 7)

In jedem Abschied wohnt ein Anfang

Predigt zum Pfingstfest

Leipzig-Lößnig und Leipzig-Connewitz, am 13. Juni 2011

Die Gnade unseres Herrn Jesus Christus und die Liebe Gottes und die Gemeinschaft des Heiligen Geistes sei mit euch allen! (2. Korinther 13, 13)

Stilles Gebet

Predigttext: Johannes 16, 5-15

Jesus sprach: Jetzt aber gehe ich hin zu dem, der mich gesandt hat; und niemand von euch fragt mich: Wo gehst du hin? Doch weil ich das zu euch geredet habe, ist euer Herz voll Trauer.

Aber ich sage euch die Wahrheit: Es ist gut für euch, dass ich weggehe. Denn wenn ich nicht weggehe, kommt der Tröster nicht zu euch. Wenn ich aber gehe, will ich ihn zu euch senden. Und wenn er kommt, wird er der Welt die Augen auftun über die Sünde und über die Gerechtigkeit und über das Gericht; über die Sünde: dass sie nicht an mich glauben; über die Gerechtigkeit: dass ich zum Vater gehe und ihr mich hinfort nicht seht; über das Gericht: dass der Fürst dieser Welt gerichtet ist.

Ich habe euch noch viel zu sagen; aber ihr könnt es jetzt nicht ertragen.

Wenn aber jener, der Geist der Wahrheit, kommen wird, wird er euch in alle Wahrheit leiten. Denn er wird nicht aus sich selber reden; sondern was er hören wird, das wird er reden, und was zukünftig ist, wird er euch verkündigen. Er wird mich verherrlichen; denn von dem Meinen wird er's nehmen und euch verkündigen.

Alles, was der Vater hat, das ist mein. Darum habe ich gesagt: Er wird's von dem Meinen nehmen und euch verkündigen.

Der Herr segne an uns sein Wort!

Liebe Pfingstgemeinde,
„Abschied" gehört zu unserem Leben dazu. Es gibt die unterschiedlichsten Perspektiven des Abschieds. Menschen begeben sich auf große Reise und verabschieden sich zuvor von ihren Freunden und Verwandten. Nach einer Begegnung verabschieden sich Menschen. Je nach Vertrautheit oder kulturellem Umfeld gibt es verschiedene Formen. Die Beteiligten sind sich sicher, sich wieder zu sehen und freuen sich schon darauf. So hat Abschied etwas Alltägliches.

Jedoch gibt es auch die Abschiede, die zugleich tiefe Einschnitte im Leben bedeuten, weil Menschen den anderen vielleicht nie wieder sehen. Wenn Menschen sich von einem Sterbenden verabschieden, bleibt es offen, ob es vielleicht schon das letzte Mal war. Wenn Beziehungen auseinander gehen, aber der eine dennoch gern daran festhalten möchte, gibt es schmerzhafte Abschiede. Dazu gibt es viele Gedichte und Lieder, die dieses Leid beschreiben. Auch ein alltäglicher Abschied kann urplötzlich zum letzten Abschied werden, wenn ein Unglücksfall Menschen aus dem Leben reißt.

Junge Menschen brechen zu ihren eigenen Lebenswegen auf. Der Abschied fällt Eltern mitunter schwer. Sie erinnern sich an die schönen Tage mit den Kindern und würden diese Zeit gern fortsetzen. Rational wissen sie zwar, dass sie ihre Kinder in die Welt ziehen lassen müssen, aber emotional fällt es schwer, diesem neuen Lebensabschnitt mit Vertrauen in die Jugendlichen zu begleiten.

Nun handelt unser Predigttext auch vom Abschied. Dieser Text stammt aus den Abschiedsreden Jesu, die Johannes zusammengestellt hat. Dieser Abschied wird endgültig sein. Jesus wird weder unmittelbar zu sehen noch zu greifen sein. Da ist von Trauer die Rede. Jesus heißt diesen Abschied dennoch für gut, da die Jünger dadurch Neues erfahren werden. Sie werden den Tröster kennen lernen und mit ihm neue Erfahrungen im Glauben sammeln.

Sich auf diese Perspektive einzulassen, erfordert ein sehr anspruchsvolles Denken und Fühlen. Die Jünger wussten, was sie an Jesus hatten. Er konnte ihnen direkt und unmittelbar von der Gegenwart Gottes erzählen und sie diese erleben lassen. In der gemeinsamen Zeit ist eine große Vertrautheit gewachsen. Die Jünger konnten mit allen Fragen zu ihm kommen und bekamen ein gutes Wort zugesprochen. Sie erlebten, wie Jesus Menschen deren Sünden vergab und wie diese Menschen zu einer neuen Lebendigkeit heranreiften. Redegewandt widersetze sich Jesus der engen Auslegung der Heiligen Schriften durch die etablierten Theologen jener Zeit. Das alles sollten die Jünger Jesu nicht mehr unmittelbar haben dürfen. Das alles sollten sie für eine ungewisse Zukunft aufgeben.

Da können Sie sich, liebe Gemeinde, vorstellen, die Jünger machten dazu keinesfalls ein erfreutes Gesicht. Sie konnten sich überhaupt nicht vorstellen, wie das alles einmal gehen sollte. Die Ankündigung des Trösters blieb für sie ungewiss und wenig konkret. Was sollten die Jünger mit dem Tröster anfangen? Jesus machte aber dennoch den Jüngern deutlich, dass es für sie so gut ist, dass er jetzt geht und sie die Erfahrungen mit dem Tröster machen können.

Ein Abschied bedeutet, dass ein Lebensabschnitt zu Ende geht. Das ist mitunter schmerzlich. Aber in dem etwas zu Ende geht, kann auch etwas Neues beginnen. Manches Neue kann nur beginnen, wenn der vorhergehende Lebensabschnitt auch wirklich abgeschlossen wurde, wenn man sich von diesem verabschiedet hat. Hermann Hesse beschrieb dies in seinem Gedicht „Stufen“ sehr poetisch: „Und jedem Anfang wohnt ein Zauber inne, ...“

Der Zauber, der die Jünger ergreifen wird, ist der Heilige Geist. Die Geschichte der Sendung des Heiligen Geistes wird mit dem Pfingstfest verbunden. Es ist aber eine Geschichte, die sich nicht allein auf das Pfingstfest reduzieren lässt. Der Heilige Geist wird die kommenden Generationen der Kirche prägen.

Der Neuanfang mit dem Heiligen Geist wird sehr euphorisch beschrieben. Mit diesem Heiligen Geist geschieht auch ein sehr interessanter Umbruch. Es ist nicht mehr allein Jesus, der die Sünden vergibt, sondern seine Jünger werden auch die Sünden vergeben. Und diejenigen, die Vergebung erfahren haben, werden diese Vergebung an andere weitergeben. So können Christen einander und anderen Menschen vergeben. Das wurde möglich, weil Jesus nicht auf ein Vergebungsmonopol bestanden hat und sich zurückgenommen hat, damit andere ihm in guter Weise nachfolgen können.

Der Heilige Geist öffnet die Augen für eine Gerechtigkeit, die den Menschen im Glauben reifen lässt. Dieser Blick sieht den Weg eines Menschen zu Gott, dieser Blick sieht auch bei aller Schwachheit und Gebrochenheit des Menschen dessen Ebenbildlichkeit in Gott, dieser Blick vermag über das uns von Gott Trennende hinauszublicken. Diesen Blick hatte Jesus seinen Jüngern gelehrt, nun können sie diesen selbst mit dem Heiligen Geist praktizieren.

Der Heilige Geist schenkt auch die Erfahrung, dass trotz allem Bösen in der Welt das Handeln Gottes in der Liebe unüberwindbar ist. Selbst wenn sich alles Böse um einen Glaubenden zusammenbraut, so schenkt der Heilige Geist den Trost, dass die Liebe Gottes alles Leid zu überwinden vermag.

Solche weit reichenden Erfahrungen wurden den Jüngern nach dem Abschied von Jesus und durch die Sendung des Heiligen Geistes geschenkt. Wenn die Jünger nur zu ihrem Lehrer und Meister aufgeblickt hätten, hätten sie solche Erfahrungen nicht selbstständig machen können. Jesus wusste, dass diese Erfahrungen für seine Jünger wichtig und gut sind. Nachfolgende Generationen werden dann darauf zurückgreifen und ebenfalls aus der Kraft des Heiligen Geistes leben. Von diesen Erfahrungen mit dem Heiligen Geist über die Generationen der Christenheit leben auch wir heute.

Natürlich fiel den Jüngern nicht alles leicht, nun selbstständig neu zu entscheiden. Die Kirchengeschichte kennt auch eine ganze Reihe von Fehlentscheidungen. Aber die Freiheit, die Jesus seinen Jüngern geschenkt hat, hat ihnen am Ende neue Entwicklungsmöglichkeiten im Glauben eröffnet.

Wir leben auch von dem Heiligen Geist, wenn wir uns mit Abschieden auseinandersetzen müssen. Ein Abschied ist in der Regel nie nur ein Abschied. Er öffnet auch Räume und Zeiten für Neues, das unser Leben bereichern kann. Das dies auch in guter Weise gelingen möge, dafür gibt uns Gott seinen Heiligen

Geist. Es ist mitunter ein schwieriger Prozess, das Neue zu entdecken und sich darauf einzulassen. Da gibt es Widerstände, da bleiben Chancen ungenutzt, Konflikte bleiben nicht aus. Dennoch bricht sich etwas Neues allmählich Bahn, das segensreiche Seiten des Lebens aufschlägt. Aber auch davon werden sich Menschen wieder verabschieden, um Neues für sich und andere zu entdecken. Es ist auch immer eine Frage des Vertrauens, inwieweit man sich auf neue Wege einlassen kann oder anderen neue Wege zutraut. Manchmal bleibt da auch nur das Vertrauen in dem Heiligen Geist, dass er einen Menschen in eine gute Richtung führt.

Durch die Taufe ist uns der Heilige Geist geschenkt und wir dürfen ihn beanspruchen. Er ist in uns. Als Getaufte gehören wir zu Gott. Das gilt selbst dann, wenn vielleicht so manches Leben eines Getauften keinen Hauch von Heiligkeit verspüren lässt. Es ist auch an uns, dass sich diese Kraft Gottes in uns entfalten kann. Es ist das Befreiende am christlichen Glauben, dass er keine Eingangsleistung von tätigen Werken oder intellektuellen Gedankengängen verlangt. Wer sich auf den Glaubensweg einlässt, der wird auch das Geschenk des Heiligen Geistes bei Abschieden und Neuanfängen erfahren können. Dann wird ihm auch die Kraft und die Zuversicht zuwachsen, die er für seine Lebenslage benötigt.

Und der Friede Gottes, der höher ist als alle Vernunft, bewahre eure Herzen und Sinne in Jesus Christus! (Philipper 4, 7)

Jede Berufung bleibt eine Lebensaufgabe

Predigt zum Trinitatisfest (Jubelkonfirmation)

Leipzig-Connewitz, am 19. Juni 2011

Die Gnade unseres Herrn Jesus Christus und die Liebe Gottes und die Gemeinschaft des Heiligen Geistes sei mit euch allen! (2. Korinther 13, 13)
Stilles Gebet

Predigttext: Jesaja 6, 1-13 (gesamtes Kapitel)
In dem Jahr, als der König Usija starb, sah ich den Herrn sitzen auf einem hohen und erhabenen Thron und sein Saum füllte den Tempel. Serafim standen über ihm; ein jeder hatte sechs Flügel: Mit zweien deckten sie ihr Antlitz, mit zweien deckten sie ihre Füße und mit zweien flogen sie. Und einer rief zum andern und sprach: Heilig, heilig, heilig ist der Herr Zebaoth, alle Lande sind seiner Ehre voll! Und die Schwellen bebten von der Stimme ihres Rufens und das Haus ward voll Rauch.
Da sprach ich: Weh mir, ich vergehe! Denn ich bin unreiner Lippen und wohne unter einem Volk von unreinen Lippen; denn ich habe den König, den Herrn Zebaoth, gesehen mit meinen Augen.
Da flog einer der Serafim zu mir und hatte eine glühende Kohle in der Hand, die er mit der Zange vom Altar nahm, und rührte meinen Mund an und sprach: Siehe, hiermit sind deine Lippen berührt, dass deine Schuld von dir genommen werde und deine Sünde gesühnt sei. Und ich hörte die Stimme des Herrn, wie er sprach: Wen soll ich senden? Wer will unser Bote sein? Ich aber sprach: Hier bin ich, sende mich!
Und er sprach: Geh hin und sprich zu diesem Volk: Höret und verstehet's nicht; sehet und merket's nicht!

Verstocke das Herz dieses Volks und lass ihre Ohren taub sein und ihre Augen blind, dass sie nicht sehen mit ihren Augen noch hören mit ihren Ohren noch verstehen mit ihrem Herzen und sich nicht bekehren und genesen.
Ich aber sprach: Herr, wie lange? Er sprach: Bis die Städte wüst werden, ohne Einwohner, und die Häuser ohne Menschen und das Feld ganz wüst daliegt. Denn der Herr wird die Menschen weit wegtun, sodass das Land sehr verlassen sein wird. Auch wenn nur der zehnte Teil darin bleibt, so wird es abermals verheert werden, doch wie bei einer Eiche und Linde, von denen beim Fällen noch ein Stumpf bleibt. Ein heiliger Same wird solcher Stumpf sein.
Der Herr segne an uns sein Wort!

Liebe Gemeinde,
wir haben soeben eine recht spektakuläre Berufungsgeschichte gehört, die vermutlich im Jahre 736 vor Christus stattfand. Mit diesem Text beschreibt der Prophet Jesaja, wie er sich in den Dienst Gottes stellen ließ.

Wie würden wir unsere Berufungsgeschichte beschreiben? Wie haben wir grundsätzliche Lebensentscheidungen gefällt? Wie haben wir die Weichenstellungen unseres Lebens wahrgenommen?

Das wird bei jedem ganz unterschiedlich gewesen sein. Wohl keiner wird ein Geschehen mit Engelsgestalten beschreiben, wie wir es gerade gehört haben. Die Konfirmation vor Jahren bzw. Jahrzehnten war vielleicht ein wichtiges Erlebnis für den Glauben. Aber wer würde daran eine Berufungsgeschichte fest machen?

Oft wachsen wir in bestimmte Lebensentscheidungen hinein, ohne dass wir diese mit besonderen Ereignissen verbinden. Es gibt Gespräche mit Personen, die einem wichtig sind. Daraus erwachsen Entscheidungen für das Leben. Manchmal ist es auch ein ganzes Stück Zufall, wohin einen das Leben treibt. Später ist darin auch die Fügung Gottes zu erkennen. Für manchen hat vielleicht auch die Konfirmation eine gewisse Rolle gespielt, sein Leben entsprechend zu gestalten.

In der Bibel werden die Berufungsgeschichten von herausragenden Menschen erzählt, die dann das Wort Gottes in besonderer Weise verkündigen. In der mittelalterlichen Theologie wurde die Berufung zu einem geistlichen Dienst über alles gestellt. Martin Luther hat dann deutlich gesagt, dass in jedem Beruf eine Berufung Gottes steckt. Damit verlor der geistliche Beruf im Vergleich zu anderen Berufen seine hervorgehobene Stellung. Jeder Beruf ist für die Gemeinschaft wichtig und infolgedessen auch ein von Gott gesegneter Beruf. Diese Wertschätzung der weltlichen Berufe motivierte die Menschen, ihren Beruf in der Verantwortung vor Gott auszuführen.

Bei Berufen, wie Arzt, Lehrer und dergleichen, spielt für viele die Berufung eine wichtige Rolle. Aber man kann genauso gut auch den Beruf des Schlossers oder Schaffners mit Berufung ausführen. Menschen, die sich für eine Aufgabe berufen fühlen, zeichnen sich dadurch aus, dass sie nicht nur die pragmatischen Aufgaben bewältigen können, sondern auch darüber hinaus einen guten Sinn für die Sorgen und Probleme der Menschen entwickeln.

Wir merken als Menschen allzu wohl, wenn jemand seinen Beruf mit Leidenschaft ausfüllt und wir seine Berufung spüren oder ob jemand seinen Beruf nur ausübt, um eben das nötige Geld für den Lebensunterhalt zu verdienen. Das ist zweifellos auch wichtig, aber unser Leben bekommt noch eine andere Dimension, wenn wir unser Handeln in den größeren Zusammenhang des Glaubens stellen.

So verbindet die Berufungsgeschichte Jesajas sein Handeln mit dem Handeln Gottes. Jesaja erfährt Vergebung und wird dadurch befreit, eben im Sinne Gottes zu handeln und in dem Fall auch eine schwierige Aufgabe zu übernehmen. Das wird nicht bedeuten, dass Jesaja am Ende alles richtig macht und es einfach ein schönes Happy End gibt. Die erlebte Berufung wird aber Jesaja immer wieder fragen lassen, inwieweit sein Handeln im Sinne Gottes ist.

Als Getaufte und eben insbesondere als Konfirmierte stehen wir genauso vor dieser Frage, in unserem Handeln nach dem tieferen Sinn Gottes zu suchen, der alles durchwebt. Das ist keinesfalls eine leichte Aufgabe, nach diesem tieferen Sinn unseres Lebens zu suchen, den Gott für uns vorgesehen hat. Es ist ebenfalls keine leichte Aufgabe, die daraus erwachsenden Anforderungen in guter Weise zu bewältigen.

Jesaja wird beauftragt, das Herz seines Volkes zu verstocken. Das mutet uns schon etwas seltsam an. Gott könnte doch einfach die Dinge anders in die Hand nehmen, dann gäbe es diese Krisensituation gar nicht erst.

Aber vielleicht kennen Sie, liebe Gemeinde, die Situation, dass Sie für eine Sache, die Ihnen wichtig ist, argumentieren. Sie wollen Zusammenarbeit und Vertrauen befördern, aber die andere Seite möchte zuerst die formale Position abgesichert haben. Das Gespräch wird ergebnislos enden und Sie haben den Eindruck, die Herzen seien für Ihre Anliegen verstockt.

Diese Erfahrung gehört zu unserem menschlichen Dasein. Jeder darf seine Meinung haben, jeder darf das für wichtig und richtig halten, was er will. Diese Selbstständigkeit bedeutet aber eben noch lange nicht, dass man zusammenkommt und gemeinsame Wege findet.

So beschreibt Jesaja mit der Verstockung einfach eine Wirklichkeit jener Zeit, die auch heute Wirklichkeit sein kann. Mit der Verstockung ist keinesfalls alles verloren. Auch aus einer solchen Situation versteht Gott etwas zu machen. Jesaja verwendet dafür ein recht drastisches Bild. Selbst wenn der Stamm abgehauen ist, wird er dennoch der heilige Same sein, aus dem der neue Spross erwachsen wird.

Manchmal muss etwas auch total zugrunde gehen, damit der Spross wächst, der neues Leben verheißt. Es ist mitunter ein schwieriger Prozess, sich von lieb gewonnenen Vorstellungen zu verabschieden, damit neue Lebenswege begangen werden können. Warum soll man sich auch von lieb gewonnen Vorstellungen verabschieden? Da weiß man doch, was man hat. Mit seinen vertrauten

Vorstellungen hat man eine ganze Reihe guter Erfahrungen gesammelt. Das Neue ist sowieso nur anstrengend und bringt einen Haufen Probleme. Das Risiko ist doch gar nicht abzusehen.

Je länger wir auf unser Leben zurückblicken können, desto deutlicher wird uns, dass wir auch auf neue Wege mehr oder weniger gezwungen wurden. Wir wollten diese Wege nicht gehen. Anfangs haben wir uns völlig verweigert, nur ansatzweise diesen neuen Weg für möglich zu halten. Aber ein Ereignis nach dem anderen brachte einen immer stärker in diese neue Richtung. Am Ende haben wir gelernt, mit der neuen Lebenslage umzugehen und ihr auch positiven Seiten abzugewinnen. Manchmal sind wir auch dankbar, dass es eben so gekommen ist, wie es gekommen ist, weil wir dadurch unsere Persönlichkeit noch einmal ein ganzes Stück weiter entwickeln konnten. Wir sind an Lebensstationen vorbei gekommen, die unser Leben bereichert und vertieft haben. Wer diesen Prozess mit dem Handeln Gottes verbinden kann, wird getroster seinen Lebensweg gehen können. Bei allem Schwierigen und Nachdenklichen kann der Glaubende sich sicher fühlen, dass Gott seinen Segen am Ende für ihn entfalten wird.

Damit kommen wir zurück zu der eigentlichen Berufungsgeschichte. Von Jesaja wird uns eine konkrete Geschichte berichtet, wie er seine Lebensaufgabe fand. Auch heute gibt es Menschen, die ihre Berufungsgeschichte an einem konkreten Ereignis fest machen können. Aber viele wachsen einfach in ihre Berufung hinein. Sie können nicht so ein besonderes Ereignis für sich festmachen, aber sie fühlen sich genauso für ihre Aufgaben berufen wie die anderen. Theologisch gibt es da keine Unterschiede. Der entscheidende Punkt ist eben, dass wir in unserem Leben danach fragen, welche Bestimmung Gott unserem Leben gegeben hat. Vor dieser Frage steht jeder unabhängig, ob er diese Frage an einem einzelnen Lebensereignis oder an einem Lebensabschnitt festmacht.

Auch die Unsicherheit, wie wir die Berufung in unserem Leben immer wieder neu umsetzen, nimmt sich nichts zwischen denen, die aus einem Berufungsereignis heraus leben oder in ihre Berufung allmählich hineingewachsen sind. Entscheidend ist, dass wir mit unserer Berufung im Glauben auch den Spross sehen, der neues Leben verheißt.

Selbst wenn in unserem Leben uns wichtige Dinge zusammengebrochen sind, selbst wenn wir vielleicht liebe Menschen verloren haben, selbst wenn die äußeren Rahmenbedingungen leidlich sind, selbst dann will uns Gott, der uns durch die Taufe zu sich gerufen und damit berufen hat, zu einem neuen Leben führen uns einen neuen Lebensspross schenken. Diese Zuwendung Gottes lässt auch die Freude in uns wachsen, sich auf Neues einzulassen.

Unsere Berufung bleibt eine Lebensaufgabe, die uns immer wieder neu herausfordert, nach dem Willen Gottes zu fragen. Auf diesem Weg brauchen wir ein Stück Vergewisserung. Diese Vergewisserung können wir erfahren, wenn wir uns immer wieder neu unter dem Segen Gottes stellen.

Und der Friede Gottes, der höher ist als alle Vernunft, bewahre eure Herzen und Sinne in Jesus Christus! (Philipper 4, 7)

Von der Schöpfung zum ewigen Leben

Predigt zum 1. Sonntag nach Trinitatis

Leipzig-Lößnig und Leipzig-Connewitz, am 26. Juni 2011

Die Gnade unseres Herrn Jesus Christus und die Liebe Gottes und die Gemeinschaft des Heiligen Geistes sei mit euch allen! (2. Korinther 13, 13)

Stilles Gebet

Predigttext: Johannes 5, 39-47

Jesus sprach: Ihr sucht in der Schrift, denn ihr meint, ihr habt das ewige Leben darin; und sie ist's, die von mir zeugt; aber ihr wollt nicht zu mir kommen, dass ihr das Leben hättet.

Ich nehme nicht Ehre von Menschen; aber ich kenne euch, dass ihr nicht Gottes Liebe in euch habt.

Ich bin gekommen in meines Vaters Namen und ihr nehmt mich nicht an. Wenn ein anderer kommen wird in seinem eigenen Namen, den werdet ihr annehmen. Wie könnt ihr glauben, die ihr Ehre voneinander annehmt, und die Ehre, die von dem alleinigen Gott ist, sucht ihr nicht?

Ihr sollt nicht meinen, dass ich euch vor dem Vater verklagen werde; es ist einer, der euch verklagt: Mose, auf den ihr hofft. Wenn ihr Mose glaubtet, so glaubtet ihr auch mir; denn er hat von mir geschrieben. Wenn ihr aber seinen Schriften nicht glaubt, wie werdet ihr meinen Worten glauben?

Der Herr segne an uns sein Wort.

Liebe Gemeinde,

unser Predigttext ist ein sehr wichtiger Text zum Bibelverständnis. Wir haben jeden Sonntag einen vorgegebenen Predigttext, der in der Regel aus einem Zusammenhang geschnitten wurde. Das hat auch etwas für sich. Es hilft dem Prediger, sich auf ein Thema zu konzentrieren. Es hat aber auch den Nachteil, dass der größere Zusammenhang nicht zum Tragen kommt, in dem ein Bibeltext steht. Wer diesen Zusammenhang berücksichtigt, wird die Erfahrung machen, dass sich der Sinn des Textes verschieben kann. Auf einmal kommen ganz andere Gedanken zu dem Text hinzu, wenn wir danach fragen, woher der biblische Erzähler gedanklich kommt und wohin er weiter geht.

Nun wird in unserem Bibeltext selbst dieser Spannungsbogen aufgemacht. Er beginnt mit der heiligen Schrift und bezieht sich besonders auf Mose. Darin ist das ewige Leben zu finden, das den tieferen Sinn allen Daseins darstellt. Darin ist wiederum alles enthalten, was für unseren Lebenssinn wichtig ist. Das macht die Sache keinesfalls leicht. Am Anfang der Bibel stehen die Bücher des Mose, am Ende der Bibel finden wir die Offenbarung des Johannes, die eine Vision von der neuen Welt Gottes entwickelt. Dazwischen liegt die Geschichte mit Jesus, die Geschichte von der Offenbarung des barmherzigen Gottes in Jesus Christus. Dazwischen liegt auch unsere eigene Lebensgeschichte.

Die fünf Bücher Mose enthalten bekannte Geschichten, wie die Schöpfungsgeschichte, die Josephserzählungen, den Auszug aus Ägypten und die Zehn Gebote. Dazu kommen verschiedene Segenshandlungen. Es wird das Scheitern von Menschen berichtet, aber auch deren Weg zu Gott. Geschlechtsregister werden aufgelistet. Das dritte Buch Mose enthält fast nur religiöse und weltliche Vorschriften, wie das gemeinsame Leben sinnvollerweise gestaltet werden muss.

Da stellen wir schnell fest, es gibt sehr viele Teile, die haben mit dem ewigen Leben erst einmal nichts zu tun. Es sind Geschichten der damaligen Zeit mit den damaligen Problemen und Perspektiven. Das muss einen Menschen nicht sofort ansprechen. Die Zeitgenossen Jesu scheinen da auch nicht gerade einen übermäßig intensiven Zugang zu den Schriften von Mose gehabt zu haben. Andernfalls hätte Jesus nicht so reagiert, wie wir es aus unserem Predigttext entnommen haben. Jesus verwies darin nun ausdrücklich darauf, dass in den Schriften des Mose und in anderen heiligen Schriften das ewige Leben zu finden ist. Dass er dies so betonen musste, macht deutlich, dass es nötig war.

Die heutige Zeit ist nicht viel anders. Menschen lesen interessante Philosophen, Denker, Kritiker, Grübler und Enthusiasten. Sie schätzen deren Gedanken und Anregungen für das eigene Leben. Dabei eröffnen sich neue Perspektiven. Da fühlen sich Menschen am Pulsschlag der Zeit und können mit anderen darüber reden und diskutieren. Das ermöglicht wiederum eine Vertiefung der Gedanken. Für diese Art zu leben, spricht sehr viel. Aber in der Zeit, in der wir leben, leben wir nur in einer Zwischenzeit. Es bleiben die Fragen, woher kommt unser Leben und wohin führt unser Leben am Ende unseres Daseins.

Jesus behauptet nun auch noch, dass Mose von ihm geschrieben habe. Das macht die Sache auch nicht leichter. Schließlich erwähnte Mose Jesus nicht einmal ansatzweise. Es gibt auch keine Prophezeiung bei Mose, die im engeren Sinne etwas mit Jesus zu tun hat. Was meint Jesus mit seiner Aussage, dass Mose schon von ihm geschrieben habe. Die Formulierung „von ihm" ist sehr wichtig. Es hätte auch heißen können „über ihn" und das wäre nicht möglich gewesen, da nun Mose 1200 Jahre vor Jesus gelebt hat.

Wir kennen etliche Geschichte aus den Büchern Mose. Diese konkreten Geschichten erzählen aus einer Zeit, die wir kaum verstehen, weil uns die Hintergrundinformationen fehlen. Aber es gibt noch eine andere Ebene der Texte. Da sind Menschen, die um die Wirklichkeit Gottes ringen, die versuchen, zwischen Schöpfung und Ende der Welt dem Menschen eine sinnvolle Bestimmung zu geben. Dieses Ringen ist in allen Texten zu finden. Es ist meistens nicht in Worten ausgeführt, sondern es ergibt sich aus dem Erzählzusammenhang. Im Vollzug des Erzählens werden Werte, werden Glaubensperspektiven vermittelt. Diese sind für uns heute allemal interessant. Wer an dem Buchstabensinn der Texte klebt, wird diese Perspektive nur mühevoll entdecken. Vor geraumer Zeit war ein Predigttext ebenfalls aus dem Johannesevangelium (6, 55-65) dran, der deutlich unterstrich, dass die biblische Botschaft mit dem Heiligen Geist verstanden sein will.

Die Geschichten der Bücher Mose erzählen von der Fürsorge Gottes um den Menschen, von der befreienden Kraft des Glaubens, von der Verantwortung für seine Mitmenschen, von der Barmherzigkeit Gottes, von der Bestimmung des Menschen, Gottes Ebenbild zu sein und somit seine Herrlichkeit am Ende aller Zeit schauen zu dürfen. Dies alles kann jeder entdecken, der die Heiligen Schriften liest und studiert.

Natürlich kann man auch darüber stolpern, dass Gott die Welt in sieben Tagen erschaffen haben soll, dass Gott persönlich die Steintafeln behauen habe, dass das religiöse Verbot, Schweinefleisch zu essen, unverständlich bliebe oder dass die Wundergeschichten nicht nachvollziehbar seien. Diese Liste könnte man beliebig fortsetzen. Aus der Aufzählung wird schon deutlich, hier geht es nicht vordergründig um Glaubensaussagen. An diesen Aussagen der Bibel hängt nicht in erster Linie der Glaube, sondern eben an den Grundaussagen der Geschichten insgesamt.

Über diese Grundaussagen lässt sich auch eine Verbindung zu Jesus Christus herstellen. Er verstand sich als der Gesandte Gottes, in dem Gott selbst handelt. Indem sich im Alten Testament das barmherzige Wirken Gottes niederschlägt und Jesus die Barmherzigkeit Gottes in den Mittelpunkt seiner Verkündigung stellte, entsteht eine Verbindung. Diese Verbindung ist nicht nur formaler Art, da es eben derselbe Gott ist, der im Alten Testament und in Jesus Christus handelt. Es geht vor allem um die inhaltliche Verbindung zwischen Mose und Jesus.

Luther hat einmal gesagt, in der Bibel ist das entscheidend, was Christus treibt.[7] Unter dieser Perspektive hat er auch seine Bibelübersetzung gestaltet. Obwohl die biblischen Schriften über 1000 Jahre hinweg entstanden sind und verschiedene Schriftsteller mit sehr unterschiedlichen Blickwinkeln Glaubensfragen thematisiert haben, handelt die Bibel von dem einen Gott, der die Welt geschafften hat, der uns Menschen in Jesus Christus nahe gekommen ist und durch den Heiligen Geist die menschliche Seele stärkt.

---

[7] Siehe Seite 43, Anm. 3.

Durch alle biblischen Bücher zieht sich das Bekenntnis zu diesem Gott, dass er mit seinem Segen die Menschen begleiten und zu sich führen möchte. Darüber kann man viel Interessantes in der Bibel lesen. Die Bibel wird auch der Maßstab für alle weiteren Gotteserfahrungen bleiben. Da können andere Gedanken aus der Moderne oder aus der Geschichte anregend und hilfereich sein, aber sie führen nicht zum ewigen Leben, wenn sie nichts mit der biblischen Botschaft zu tun haben.

Gerade der Johannesevangelist hebt die Bedeutung des ewigen Lebens für den Glaubenden hervor. Der Glaube an Jesus Christus schenkt das ewige Leben, weil wir als Kinder Gottes sein heiligendes Handeln empfangen dürfen. Durch diesen Glauben können wir in irdischen und geistlichen Fragen in unserer Persönlichkeit reifen und etwas von der neuen Herrlichkeit Gottes erahnen. Genau das, was der durch Mose vermittelte Glaube beinhaltet, der in der Gemeinschaft mit Gott die Grundlage für anspruchsvolles ethisches Handeln und in dem barmherzigen Gott den Überwinder von Schuld und Versagen sah, genau das wird Jesus verkündigen. Aber Jesus wird dies eben nicht nur verkündigen, sondern in einer Weise leben, wie es niemand zuvor getan hat und auch nicht in Zukunft tun wird.

Nur mit Kenntnis von Mose und den Propheten wird es den Jüngern Jesu gelingen, den Kreuzestod und die Auferstehung Jesu Christi zu verstehen. Sie vermögen durch den Heiligen Geist eine Theologie zu entwickeln, die eben die Gotteserfahrungen aus den alten Schriften mit dem Geschehen in Jesus Christus verbindet. Diese Verbindung betont insbesondere den barmherzigen Gott. Dieser Schwerpunkt baut die Brücke, um sich die heiligen Schriften angemessen zu erschließen. Das bedeutet aber auch in der Gegenwart, dass sich Gotteserfahrungen und moderne Gedanken an diesem barmherzigen Gott messen lassen müssen.

Nach wie vor zählt zu den wichtigen Gotteserfahrungen das Studieren der Bibel. Ein flüchtiges Lesen wird nicht den Erfolg bringen, weil es Gefahr läuft, im buchstäblichen Sinn stecken zu bleiben und das Handeln Gottes in dem normalen Lauf der Welt übersieht.

Jesus selbst verweist an verschiedenen Stellen darauf, dass alles Wichtige zum Glauben in den heiligen Schriften zu finden ist. Weder spektakuläre Wunder noch Superpredigten können das Studium der Bibel ersetzen. Die dort beschriebenen Erfahrungen mit Gott können uns nach wie vor die Augen, Ohren und Herzen für die Liebe Gottes in der Welt öffnen. Die Liebe Gottes ist nicht die Liebe eines Groschenromans. Es ist die Liebe, die Menschen in Gefahren und Herausforderungen in ihrer Persönlichkeit und im Glauben wachsen lässt. Dieses Wachsen bricht nicht mit dem Tod ab oder verschwindet in ein nebulöses Nirwana; dieses Wachsen wird Gott in seiner neuen Herrlichkeit mit dem ewigen Leben vollenden. Davon erzählt die Heilige Schrift.

Im Glauben stehen nicht getrennt am Anfang die Schöpfungsgeschichte und am Ende das ewige Leben, sondern beides ist in der Zwischenzeit miteinander verwoben. So können wir sowohl Erfahrungen eines hoffnungsvollen Neubeginns und Anfangs machen als auch Erfahrungen aus der neuen Welt, wenn wir Liebe, Frieden und Gerechtigkeit erleben. Unsere Heilige Schrift ist ein guter Kompass für das Leben hier und jetzt. Darin möchte uns Gott begleiten; aber auch in das Leben seiner neuen Herrlichkeit führen.

Und der Friede Gottes, der höher ist als alle Vernunft, bewahre eure Herzen und Sinne in Jesus Christus! (Philipper 4, 7)

Die Kleidung des Glaubens

Predigt zum 2. Sonntag nach Trinitatis

Leipzig-Lößnig, am 3. Juli 2011

Die Gnade unseres Herrn Jesus Christus und die Liebe Gottes und die Gemeinschaft des Heiligen Geistes sei mit euch allen! (2. Korinther 13, 13)

Stilles Gebet

Predigttext: Matthäus 22, 1-14

Und Jesus fing an und redete abermals in Gleichnissen zu ihnen und sprach:

Das Himmelreich gleicht einem König, der seinem Sohn die Hochzeit ausrichtete.

Und er sandte seine Knechte aus, die Gäste zur Hochzeit zu laden; doch sie wollten nicht kommen.

Abermals sandte er andere Knechte aus und sprach: Sagt den Gästen: Siehe, meine Mahlzeit habe ich bereitet, meine Ochsen und mein Mastvieh ist geschlachtet und alles ist bereit; kommt zur Hochzeit! Aber sie verachteten das und gingen weg, einer auf seinen Acker, der andere an sein Geschäft. Einige aber ergriffen seine Knechte, verhöhnten und töteten sie.

Da wurde der König zornig und schickte seine Heere aus und brachte diese Mörder um und zündete ihre Stadt an. Dann sprach er zu seinen Knechten: Die Hochzeit ist zwar bereit, aber die Gäste waren's nicht wert. Darum geht hinaus auf die Straßen und ladet zur Hochzeit ein, wen ihr findet. Und die Knechte gingen auf die Straßen hinaus und brachten zusammen, wen sie fanden, Böse und Gute; und die Tische wurden alle voll.

Da ging der König hinein, sich die Gäste anzusehen, und sah da einen Menschen, der hatte kein hochzeitliches Gewand an, und sprach zu ihm: Freund, wie bist du hier hereingekommen und hast doch kein hochzeitliches Gewand an? Er aber verstummte.

Da sprach der König zu seinen Dienern: Bindet ihm die Hände und Füße und werft ihn in die Finsternis hinaus! Da wird Heulen und Zähneklappern sein.
Denn viele sind berufen, aber wenige sind auserwählt.
Der Herr segne an uns sein Wort!

Liebe Gemeinde,
die Evangeliumslesung aus dem Lukasevangelium und der Predigttext aus dem Matthäusevangelium sind einerseits sehr verwandte Texte, aber andererseits setzen sie doch sehr unterschiedliche Schwerpunkte. Bei Lukas endet die Geschichte so, wie es für unser soziales Gewissen gut erscheint. Arme, Verkrüppelte, Blinde und Lahme werden an den Tisch des Herrn, an den Tisch Gottes geladen. Dagegen fliegt bei Matthäus ein Gast aus der Gesellschaft heraus, weil er sich der Kleiderordnung nicht angepasst hat. Er hat kein hochzeitliches Kleid an. Das Verhalten des Königs empfinden wir als ungerecht. Schließlich geht es nicht um irgendeine königliche Hochzeit in dem Gleichnis Jesu, sondern um die Einladung Gottes.

Dass Gott da einfach einen Menschen wieder herauswerfen lässt, nur weil er der Kleiderordnung nicht nachgekommen war, fordert unseren Protest heraus. Wenn wir so einen Rausschmiss bei einer vornehmen Tanzveranstaltung miterleben würden, würden wir wohl kaum dagegen Protest einlegen, weil wir uns sagen: So ist eben die Welt. Sie macht ihre Spielregeln und grenzt Menschen aus. Aber bei Gott müsste es doch eigentlich anders zugehen. Wie soll man sonst an seine umfassende Gerechtigkeit glauben?

Schließlich fordert der König bzw. Gott seine Knechte auf, alle von der Straße aufzulesen, Gute und Böse. Da war nichts von einer Kleiderordnung zu hören. Die Guten und Bösen sind auch gekommen. Selbst das spielt keine Rolle, denn die Bösen waren genauso herzlich willkommen wie die Guten. Aber die Kleiderordnung wird in dieser Gleichniserzählung zum entscheidenden Punkt.

Was bringt ein Mensch mit seiner Kleidung zum Ausdruck? Jugendliche kleiden sich betont leger, um sich von ihren Eltern äußerlich abzusetzen. Wenn die Eltern eher eine lockere jugendliche Kleidung bevorzugen, suchen sich die Kinder neue Extreme. Entweder wirkt die Kleidung dann völlig verwahrlost oder es kann nicht edel genug sein.

Heute kann man im Alltag fast alles tragen, aber bei einigen Veranstaltungen gibt es dennoch ein paar Spielregeln. Zu einer Prüfung oder einem Bewerbungsgespräch erscheinen wir eher vornehm gekleidet. Wenn jemand eine künstlerische oder andersweilig anspruchsvolle Veranstaltung leitet, wird von ihm in der Regel auch eine sehr gepflegte Kleidung erwartet. Wenn ich als Pfarrer mit abgewetzten Turnschuhen auftreten würde, müsste ich mir zum Schluss eines Gottesdienstes wohl ziemlich kritische oder spitze Bemerkungen gefallen lassen müssen. Das klassische Sonntagskleid ist wohl im Aussterben begriffen, aber dennoch zieht man zum Gottesdienst nicht seine schmutzige Arbeitskleidung an. Kinder werden dazu überredet, ihre Lieblingstobesachen zu Hause zu lassen.

Mit der Art unserer Kleidung bringen wir auch etwas von unserer Persönlichkeit zum Ausdruck. Je nach dem, wie wichtig wir ein Ereignis nehmen, wählen wir unsere Garderobe aus. Natürlich gibt es da auch ganz unterschiedliche Meinungen und Geschmäcker. Was für den einen gängig ist, kann für den anderen unmöglich sein. Wenn der eine sich herausputzt, ist das für den anderen übertrieben. Wenn der andere in Alltagskleidung kommt, erlebt das ein weiterer als Missachtung. Eine unpassende Kleidung kann das gegenseitige Verständnis behindern. Mit dem ersten Blick entscheiden wir oft über Sympathie und Antipathie und da spielt die Kleidung eine erhebliche Rolle.

In unseren Gottesdiensten gibt es für die Pfarrer eine klare Kleiderordnung, jedoch schon lange nicht mehr für die Gemeinde. Dennoch gibt es kaum Menschen, die besonders extravagant gekleidet sind oder die durch eine vernachlässigte Kleidung auffallen. Es gibt darüber einen nicht festgelegten, aber gelebten Konsens. Ich würde sagen: Es läuft unter der Überschrift „schlichte Schönheit“, die hier und da durch ein interessantes Accessoire Aufmerksamkeit erzielt. Währenddessen sind in unserer Umwelt die Menschen wesentlich vielseitiger gekleidet. Dieses Geschehen hat etwas mit unseren Vorstellungen von Bescheidenheit und unserer Mentalität zu tun. Es ist aber gar nicht so einfach zu sagen, warum das sich so entwickelt hat, denn es könnte auch anders sein. Es spräche auch Einiges dafür, wenn es jemand gefällt, eine Kleidung mit intensiveren Farben zu tragen. Vor Gott sind alle Menschen geladen, ganz gleich welchen Geschmack sie für ihre Kleidung entwickeln.

Aus diesen Gedanken dürfte deutlich sein, dass Kleidung mehr als nur einen praktischen Zweck hat. Kleidung drückt auch etwas von unserer inneren Haltung aus.

In unserem Gleichnis wird von der Kleidung des einen Gastes auf dessen innere Haltung geschlossen. Für den König hat sich der eine Gast in keiner Weise an der Erwartungshaltung orientiert. Wie er eigentlich gekleidet war, wissen wir nicht. Es wird nur festgehalten, dass er eben kein hochzeitliches Gewand angehabt hat. Daraus erwächst für ihn der Vorwurf, dass er sich auf die Hochzeit nicht innerlich vorbereitet hat.

Versuchen wir uns einmal in diesen Gast zu versetzen. Die Diener des Königs laden gute und böse Menschen zu der Hochzeit des Königs ein. Unser Gast nimmt die Einladung an und geht hin. Die anderen Eingeladenen werden auf der Straße ebenfalls kein hochzeitliches Kleid angehabt haben. Auf die Einladung hin haben sie sich gefreut und haben dieser Freude versucht, durch eine entsprechende Garderobe Ausdruck zu verleihen. Unser Gast hingegen hielt diesen Aufwand nicht für nötig. Welche Gründe er dafür hatte, wird nicht überliefert.

Die Einladung des Königs ist vergleichbar mit der Einladung Gottes an uns Menschen zum Glauben. Wer dieser Einladung folgt, dem wird auch das ewige Heil offenbart werden. Jedoch wird beim Befolgen der Einladung auch etwas von dem Eingeladenen erwartet, dass man sieht, dass er dieser Einladung gern folgt, dass er sich auf das Fest mit Gott vorbereitet.

Mir kommt dieser besondere Gast so vor wie jemand, der sagt: Ich habe meinen Glauben, aber Herr Pfarrer verlangen sie nicht von mir, dass irgendjemand merkt, dass ich Christ bin.

Vor allem wir Protestanten müssen uns hinter die Ohren schreiben: Ein Glaube, aus dem keine Früchte erwachsen, der für die Mitmenschen nicht wahrnehmbar ist, wird vor Gott kaum Bestand haben. Bei diesen Früchten geht es nicht um medienwirksame Ereignisse, sondern um die kleinen unscheinbaren Handlungen, die ein Menschenherz erfreuen, die spüren lassen, wessen Geistes Kind wir sind.

Glaube und Glaubensfrüchte sind untrennbar verbunden, obwohl dem Glauben der Vorrang eingeräumt wird, weil Glaubensfrüchte vor Gott nicht aufrechenbar sind. Somit entlässt der Glaube uns in eine große Freiheit, weil es eben weder ein vorgeschriebenes Punktesystem noch eine feste Kleiderordnung vor Gott gibt. Die Flensburger Sünderkartei gilt nur für Autofahrer, aber für Glaubensdinge ist sie keinesfalls zu gebrauchen.

Die Freiheit durch den Glauben hat nichts mit Beliebigkeit und Bequemlichkeit zu tun, sondern ist eine große Herausforderung an unser Menschsein. Wir sind aufgefordert, unsere Freunde, aber auch unsere Kritiker und die Nörgler mit an den Tisch des Herrn einzuladen. Das ist für uns keinesfalls einfach. Aber dadurch sammeln wir Erfahrungen mit uns, mit unseren Mitmenschen und mit Gott selbst. Solche Erfahrungen machen uns im Inneren unseres Herzens reich, ganz gleich ob wir Gebende oder Nehmende sind.

Wir sind alle zu der königlichen Hochzeit Gottes eingeladen, so wie wir hier sitzen, ganz gleich wie wir äußerlich gekleidet sind. Diese Einladung gilt den Guten und den Bösen, den der Gemeinde Nahestehenden und den der Gemeinde Fernstehenden, den uns sympathischen und den uns unsympathischen Menschen. Das Fest selbst wird jedoch erst am Ende aller Tage sein. Bis zu diesem Fest haben wir noch ein Stück Zeit und ein Stück Weg vor uns, Menschen zu diesem Fest mitzunehmen. In Vorbereitung dieses Festes taufen wir Menschen und stärken uns am Tisch des Herrn. Der barmherzige Gott schenkt uns dabei Kraft für unseren Glauben und unser Leben. Dadurch können wir aus unserem Glauben heraus die entsprechende innere und äußere Haltung zeigen und die nötigen Schritte tun und im Bild des Gleichnis gesprochen, ein hochzeitliches Gewand anlegen. Im Vertrauen auf Gottes vergebendes und barmherziges Handeln brauchen wir die Mahnung „Viele sind berufen, aber wenige sind auserwählt" jedoch nicht zu fürchten.

Und der Friede Gottes, der höher ist als alle Vernunft, bewahre eure Herzen und Sinne in Jesus Christus! (Philipper 4, 7)

Verloren und doch wiedergefunden

Predigt zum 3. Sonntag nach Trinitatis

Leipzig-Connewitz, am 10. Juli 2011

Die Gnade unseres Herrn Jesus Christus und die Liebe Gottes und die Gemeinschaft des Heiligen Geistes sei mit euch allen! (2. Korinther 13, 13)

Stilles Gebet

Predigttext: Lukas 15, 1-10

Es nahten sich Jesus aber allerlei Zöllner und Sünder, um ihn zu hören. Und die Pharisäer und Schriftgelehrten murrten und sprachen: Dieser nimmt die Sünder an und isst mit ihnen.

Jesus sagte aber zu ihnen dies Gleichnis und sprach:

Welcher Mensch ist unter euch, der hundert Schafe hat und, wenn er eins von ihnen verliert, nicht die neunundneunzig in der Wüste lässt und geht dem verlorenen nach, bis er's findet? Und wenn er's gefunden hat, so legt er sich's auf die Schultern voller Freude. Und wenn er heimkommt, ruft er seine Freunde und Nachbarn und spricht zu ihnen: Freut euch mit mir; denn ich habe mein Schaf gefunden, das verloren war.

Ich sage euch: So wird auch Freude im Himmel sein über einen Sünder, der Buße tut, mehr als über neunundneunzig Gerechte, die der Buße nicht bedürfen.

Oder welche Frau, die zehn Silbergroschen hat und einen davon verliert, zündet nicht ein Licht an und kehrt das Haus und sucht mit Fleiß, bis sie ihn findet? Und wenn sie ihn gefunden hat, ruft sie ihre Freundinnen und Nachbarinnen und spricht: Freut euch mit mir; denn ich habe meinen Silbergroschen gefunden, den ich verloren hatte.

So, sage ich euch, wird Freude sein vor den Engeln Gottes über einen Sünder, der Buße tut.

Der Herr segne an uns sein Wort.

Liebe Gemeinde,

wenn wir etwas verloren haben, dann bringt dies unser Leben in der Regel durcheinander. Wenn der verlorene Hausschlüssel uns von unserem Zuhause aussperrt oder das verlorene Portemonnaie uns den Wochenendeinkauf vermasselt oder verlorene Papiere die Urlaubsreise unmöglich machen, dann sind wir sehr verzweifelt. Es beginnt eine fieberhafte Suchaktion. Irgendwie versuchen wir uns zu erinnern, wo wir das Verlorene das letzte Mal mit Bewusstsein registriert haben. Gedanklich werden die verschiedensten Möglichkeiten durchgespielt und dann beginnt die Suche. Da suchen wir die verdächtigen Ereignisorte auf und hoffen, dass wir das Verlorene wieder finden. Desto länger wir suchen, je verzweifelter gestaltet sich die Suche. Schon wenn wir an den ganzen Ärger denken, der vor uns liegt, eben das Verlorene dann auf anderem Wege wieder zu besorgen, lässt uns noch intensiver Suchmöglichkeiten erschließen. Da werden alle Freunde und Bekannte ebenfalls verrückt gemacht.

Dann endlich kommt der große Moment, das Verlorene ist wieder gefunden. Alle Aufregung findet sein Ende. Das Zuhause, der Wochenendeinkauf oder der Urlaub ist nicht mehr gefährdet, alles kann wie geplant ablaufen. Alle Freunde und Bekannte werden in diese Freude mit hineingenommen. Eine große Erleichterung macht sich allseits breit.

Nun kann man natürlich sagen, was bedeuten schon ein verlorener Hausschlüssel, ein verlorenes Portemonnaie oder verlorene Ausweispapiere. Das Leben geht weiter und solche Dinge lassen sich auch wieder besorgen. Das gehört eben zu unserem Leben dazu, dass nicht alles glatt läuft. Über solche Missgeschicke, ein paar Gegenstände zu verlieren, kann man dann doch am Ende schmunzeln.

Wir können in unserem Leben leider auch ganz anderes verlieren. Menschen verlieren die Liebe ihres Lebens. Eine Kündigung beendet jäh das Berufsleben.

Der Lebenssinn ist kaum noch als Silberstreifen am Horizont zu erkennen. Dann beginnt in der Regel keine hektische Betriebsamkeit, sondern Menschen versinken in ihrer Verzweiflung und werden geradezu apathisch. Es fällt ganz schwer, konkrete Schritte aus solch einer Lebenslage heraus anzugehen.

Die Versuche von Freunden, eben an gute Zeiten zu erinnern, um das Selbstbewusstsein desjenigen zu stärken, schlagen oft fehl. Alle gut gemeinten und auch hilfreichen Angebote perlen wie Tropfen an einer Fensterscheibe ab. Jegliche Zugänge zu neuen Wegen bleiben versperrt. Das Trauma sitzt tief und macht Menschen handlungsunfähig.

Da braucht es Menschen, die wie der Hirte unseres Predigttextes keine Mühen scheuen, um eben Verlorenes wieder zu finden. Die Begleitung von verzweifelten Menschen braucht Zeit. Mit ein paar schnellen, wenn auch gut gemeinten Ratschlägen sind solche Probleme nicht zu lösen. Wer sein inneres Selbstwertgefühl verloren hat, braucht wieder Zuwendung und zwar eine intensive Zuwendung, die genügend Zeit zur Verfügung hat.

Das ist für die begleitenden Personen keinesfalls einfach. Sie müssen viel Ablehnung überwinden. Es kostet sehr viel Kraft, wenn die eigenen hoffnungsvollen Worte immer wieder in negative Gedanken von dem Gegenüber uminterpretiert werden. Die Suche nach angemessen Schritten erweist sich als schwierig, von neuen Lebenswegen ist noch gar nicht die Rede.

Das Vergangene lässt sich auch nicht mehr hochholen. Alle Sehnsüchte, dass es doch wieder so werden soll, wie es früher war, bleiben am Ende unerfüllt. Selbst wenn sich die ehemalige Liebe des Lebens wieder einfände, die Kündigung zurückgenommen würde oder der alte Lebenssinn wieder aufflammte, so wird derjenige feststellen müssen, dass er nicht einfach zu dem Punkt zurückkehren kann, wo er etwas davon verloren hat. Das Leben ist inzwischen weiter gegangen. Dazu gehören auch die Enttäuschungen und Verletzungen, die eben mit dem Verlust wichtiger Lebensbereiche zusammenhängen. Es erfordert schon ein geeignetes Aufeinanderzugehen, das von Versöhnung geprägt ist, wenn der neue Lebensabschnitt auch zur neuen Lebensfreude werden soll.

Wenn das Alte einfach nicht mehr erreichbar ist oder immer nur erhebliche Belastungen hervorbringt, dann gilt es, den Blick nach vorn zu richten. Unser Leben ist nicht perfekt. Wir sind bestimmt auch nicht schuldlos an den Krisensituationen unseres Lebens. Unverarbeitete Schuldgefühle behindern neue Wege.

Wenn es uns gelingt, nach einer Lebenskrise wieder Fuß zu fassen und neue Horizonte wieder anzugehen, dann kommt wirklich innere Freude auf. Das ist nicht nur die Freude über einen wieder gefundenen Schlüsselbund. Es ist die tief innere Freude, wenn wir neue Türen des Lebens aufschließen, die uns schöne Lebensräume eröffnen. Wenn wir einen Schlüssel finden, der uns das Herz eines anderen Menschen erschließt, dann empfinden wir das Glück des Lebens. Dann füllt sich das Herz mit einem neuen Lebenssinn, der sich mit Engagement den anstehenden Aufgaben widmen kann.

Diese erlebte Freude strahlt über das eigene Ich hinaus, wenn wir andere Menschen daran Anteil nehmen lassen. Dann wird diese Erfahrung der Freude auch eine Hilfe sein, wenn wieder andere Tage kommen. Die Erinnerung an diese Freude gibt Mut, in schweren Tagen den Kopf nicht hängen zu lassen, sondern sich erneut auf die Suche nach erfülltem Leben zu begeben.

Wir können aber auch darüber hinaus unseren Glauben verlieren. Das geschieht oft ganz unscheinbar. Selten wird es an einem festen Ereignis festgemacht. Irgendwann stellen wir fest, mit dem Glauben ist nicht mehr viel los. Die Gemeinschaft der Glaubenden ist ganz woanders. Der Drang dahin zurückzukehren ist verloren gegangen. Diese Feststellung wird eher mit Gleichgültigkeit wahrgenommen. Von hektischer Betriebsamkeit oder von einem Fallen in ein tiefes Loch ist da selten die Rede. Das Leben geht irgendwie weiter, der Verlust wird meistens gar nicht als solcher empfunden.

In unserem Gleichnis macht sich der Hirte auf, um das verlorene Schaf wieder zu finden. Es ist nicht die Rede davon, dass das Schaf in einer schwierigen Lage ist und der Hirte infolge seines Mitleides aufbricht. Der Hirte stellt einfach nur fest: Ein Schaf fehlt. Diese Feststellung genügt ihm, dieses Schaf zu suchen. Dabei lässt er die anderen 99 ohne Schutz in der Wüste zurück. Das hätte ein richtiger Schäfer vermutlich nicht gemacht. Denn was hätte er davon gehabt, wenn er mit dem einen Schaf zurück kommt und die 99 irgendwo völlig verstreut in der Wüste herumlaufen?

Solche praktischen Detailfragen führen uns bei dem Verständnis eines Gleichnisses nicht weiter. Wir müssen uns auf den Vergleichspunkt konzentrieren, der offenbar im Mittelpunkt steht.

Am Ende stehen der Jubel und die Freude über einen Sünder, der Buße tut und im Himmel angekommen ist. Das verbindet den Anlass der Gleichniserzählung mit dessen Inhalt. Jesus geht auf die Sünder zu. Das wird ihm zum Vorwurf gemacht. Daraufhin erzählt er das Gleichnis vom verlorenen Schaf und verlorenen Silbergroschen, der einem Tageslohn entspricht. Mit der Gleichniserzählung versteht Jesus sich als der Hirte, der die Verlorenen im Glauben, die Sünder, wie sie in der Bibel genannt werden, wieder zu Gott zurückbringt.

Diejenigen, die Jesus für sein Verhalten Vorwürfe machen, sind gestandene Mitglieder der damaligen jüdischen Gemeinde. Sie verhalten sich eher wie ein Schäfer, der sich um seine Schafherde kümmert, aber einem verlorenen Schaf nicht hinterherläuft, weil er Angst um seine Herde hat.

Jesus hingegen traut der Gemeinde zu, auch ohne Hirten ein Stück Wegs gehen zu können. Für ihn ist es wichtig, dem verlorenen Schaf, den Menschen nachzugehen, die den Glauben verloren haben. Jesus fragt da auch nicht, ob diese Menschen selbst daran schuld sind oder ob andere Faktoren in Rechnung zu stellen sind. Der Tatbestand alleine, dass jemand den Glauben verloren hat, ist für ihn Anlass auf diesen Menschen zuzugehen.

Bei unserem verlorenen Schaf ist es klar, das gehört zur Herde zurück. Bei Menschen ist das mitunter etwas komplizierter. Vor allem junge Menschen, aber auch andere brechen zu anderen Ufern auf und wollen nicht wieder zurück. Das erfordert dann einen sensiblen Umgang mit diesen Menschen. Einerseits ist deren freie Entscheidung zu respektieren, andererseits sollte das Angebot immer da sein, dass sie einfach wieder zurückkehren können. Dafür ist das Gleichnis „Vom verlorenen Sohn" ein wunderbares Beispiel, das im Lukasevangelium unmittelbar auf unseren Predigttext folgt. Am Ende steht auch dort die Freude im Vordergrund, dass ein Mensch wieder zu seinen Wurzeln im Leben und im Glauben zurückgefunden hat.

Wir stehen als getaufte Christen in der Nachfolge Jesu und sind damit herausgefordert, auf diejenigen Menschen zuzugehen, die ihren Glauben verloren haben oder gar nicht erst zum Glauben gekommen sind. Da gibt es in unserer Gegend sehr viele Menschen, die nicht zu unserer Gemeinde gehören. Aber auch bei uns steht die Frage, setzen wir unsere Kraft für unsere Gemeinde ein oder für diejenigen, die nicht mehr zu unserer Gemeinde gehören. Diese Frage lässt sich nicht mit einem einfachen Entweder-Oder beantworten. Aber mit dem heutigen Predigttext dürfte jedem klar sein, dass das Zugehen auf die Fremden der Gemeinde eine wichtige Aufgabe ist.

Wir freuen uns, wenn Menschen wieder oder überhaupt den Weg zum Glauben finden. Manche von ihnen sind in unserer Gemeinde recht aktiv geworden. Ohne sie wäre unsere Gemeinde ärmer und wir hätten einige Mühe, bestimmte Aufgaben zu bewältigen. Wenn Menschen infolge ihres Glaubens in der Gemeinde mitwirken oder auch einzelne Personen im Leben begleiten und unterstützen, dann wird ein Stück der Freude Gottes im Himmel vorweggenommen und ist hier auf Erden erlebbar.

Und der Friede Gottes, der höher ist als alle Vernunft, bewahre eure Herzen und Sinne in Jesus Christus! (Philipper 4, 7)

Danksagung

Für die Unterstützung beim Korrekturlesen und bei den redaktionellen Arbeiten möchte ich mich bei Frau Christiane Spieß und Frau Sarah Junghans ganz herzlich bedanken. Ebenso gilt der Dank den Rechteinhabern der urheberrechtlich geschützten Texte für die Möglichkeit des Abdrucks der Texte.

Leipzig, Oktober 2011

Reinhard Junghans

Verzeichnis der urheberrechtlich geschützten Texte

S. 12: „Wie wirst du mich empfangen“ / Uta Sabrina Junghans-Rilke, Leipzig. Die Rechte liegen bei der Autorin selbst.

S. 20-27: „Von guten Mächten wunderbar geborgen“ / Dietrich Bonhoeffer. Die Rechte liegen bei Dietrich Bonhoeffer: Widerstand und Ergebung. © 1998 Gütersloher Verlagshaus, Gütersloh, in der Verlagsgruppe Random House GmbH.

S. 77: „Erstaunliche Besserung“ / Martin Lienhard, Bolken, Schweiz
Die Rechte liegen beim Autor selbst.

Printed by Books on Demand GmbH, Norderstedt / Germany